Daniel Dockerill, Jahrgang 1950, im Brotberuf zunächst Feinmechaniker und Elektroniker, danach bis zur Rente Ingenieur der Nachrichtentechnik, lebt in Kiel.

Ende der 1980er und Anfang der 90er war er im Rahmen der Initiative, die sich um die Nürnberger Zeitschrift Marxistischen Kritik (ab 1990: Krisis) gruppierte, beteiligt an den Debatten um die sogenannte „fundamentale Wertkritik". Zusammen mit anderen aus dem Krisis-Umfeld rief er 1994 das Zirkular „Übergänge. Zur Kritik von Ökonomie und Politik" ins Leben, dessen Texte zunächst vorrangig der kritischen Auseinandersetzung mit der „fundamentalen Wertkritik" gewidmet waren, später der „Debatte um ein neues kommunistisches Programm".

Seit ihrer Gründung 2007 ist er Mitglied der Partei die Linke (davor war er örtlicher Mitbegründer der WASG) und darin zusammen mit wenigen Anderen auf der Suche nach Wegen, denen, die es nötig hätten, ein wenig neues Klassenbewusstsein näher zu bringen.

Kritik der Wertkritik

Beiträge Teil I

Daniel Dockerill

Wertkritischer Exorzismus statt Wertformkritik

Zu Robert Kurz' „Abstrakte Arbeit und Sozialismus"

**Bibliografische Information
der Deutschen Nationalbibliothek**

Die Deutsche Nationalbibliothek verzeichnet diese Publikation in der Deutschen Nationalbibliografie; detaillierte bibliografische Daten sind im Internet über http://dnb.d-nb.de abrufbar.

IMPRESSUM

Band 2 der proletarischen Texte
Schriftenreihe, herausgegeben von der proletarischen Plattform
www.proletarische-plattform.org

© 2014 proletarische Plattform

Titelbild: Austreibung aus dem Tempel, Fresco von Johann Jakob Zeiller in der Eingangshalle der Basilika Ottobeuren (Ausschnitt, bearbeitet)

Herstellung und Verlag:
BoD – Books on Demand GmbH, Norderstedt
ISBN: 978-3-7357-6195-8

Inhalt

Vorbemerkung

Wertkritk – was ist das eigentlich?

Das kommt wohl sehr darauf an, wen man fragt. Ausdrücklich für sich selbst reklamieren die Bezeichnung vor allem die um die Zeitschriften *Krisis* und *Exit* sich versammelnden Zirkel. Mit der Kritik eines sehr frühen und zugleich grundlegenden Textes dieser Schule eröffnen wir denn auch den Reigen der Beiträge zur Kritik der Wertkritik. Ausdrücklich zueigen gemacht haben sich das Label der Wertkritik aber hin und wieder auch Vertreter aus dem sogenannten antideutschen Lager insbesondere der Zeitschrift Bahamas,[1] was nicht hindert, dass man sich zuweilen wechselseitig heftig befehdet. Weniger ausdrücklich als Wertkritik bezeichnen die Anhänger einer sogenannten *neuen Marx-Lektüre* ihr Metier. Nichtsdestotrotz möchte beispielsweise auch Michael Heinrich, derzeit vielleicht der namhafteste der Autoren, die sich dieser Richtung zuordnen lassen, „Marx … in erster Linie als Kritiker der über den Wert

---

1   Vgl. etwa Nachtmann 1996.

vermittelten und damit ‚fetischisierten‘ Vergesellschaftung‘‘[2] gelesen wissen, also nicht beispielsweise vor allem als Anwalt des Klassenkampfs des Proletariats. Ähnlich der sozusagen offiziellen Wertkritik hadert zudem Heinrich mit einer sogenannten „‚substanzialistische[n]‘ Auffassung‘‘[3] des Marxschen Begriffs der abstrakten Arbeit. Und bis in die Wortwahl hinein beinahe identisch mit Formulierungen aus dem im Folgenden kritisch sezierten Text des früheren Krisis-Autors Robert Kurz moniert auch Michael Heinrich, dass eine bestimmte, bei jener neuen Lektüre in Verruf geratene Marxsche Erläuterung des Begriffs nahelege, seine „abstrakte Arbeit‘‘ habe womöglich „eine ganz ungesellschaftliche, sozusagen natürliche Grundlage‘‘[4].

Es soll jetzt freilich nicht behauptet werden, dass alles, was in diesem Bändchen und zumindest einem weiteren, das ihm folgt, unter dem summarischen Etikett „Wertkritik‘‘ mit Kritik bedacht wird, letztlich sich über einen Kamm scheren lasse. Ganz gewiss nicht. Desgleichen übrigens auch weder die verschiedenen Kritiken, noch die damit zu Wort kommenden Kritiker der Wertkritik. Es geht nicht um ein abschließendes Urteil über „Wertkritik‘‘, sondern um die Einbringung des einen oder anderen neuen Gesichtspunkts in die Debatte darüber; einer Debatte, die bei aller Konfusion und Verquastheit, die in ihr zuhause ist, wahrscheinlich mehr als jede andere dazu beigetragen hat, dass nach dem relativ kurzen Revival in den Sechsziger- und Siebzigerjahren des letzten Jahrhunderts unter den nachwachsenden Generationen an kritischer Gesellschaftstheorie Interessierter die Beschäftigung mit der Kritik der politischen Ökonomie des Karl Marx zu neuem Leben erwacht.

Über Tote, so heißt es seit jeher, soll man mit Wohlwollen sprechen oder schweigen. Robert Kurz ist im Sommer vor zwei Jahren gestorben. Die hier in geringfügiger Überarbeitung neuaufgelegte, vor knapp zwanzig Jahren in Kleinstauflage erstmals veröffentlichte Kritik eines alten Textes von ihm geht hart mit

---

2   Heinrich 2004, S. 10.

3   Ebenda S. 47.

4   Heinrich 2004, S. 48; vgl. dazu unten S. 79ff

ihm ins Gericht, und das Gesamturteil fällt vernichtend aus. Im Ton nicht selten polemisch, erweist die Kritik sehr wohl ihrem Gegenstand gehörigen Respekt. Schon der Umfang zeigt an, dass sie es dereinst sich nicht leicht gemacht hatte mit dem Stein ihres Anstoßes. Mehr noch allerdings erhellt das vielleicht aus dem Umstand, dass dieser selbst seinerzeit bereits stattliche acht Jahre lang einer interessierten Öffentlichkeit vorgelegen hatte, die sich zwar schwer beeindruckt, aber kaum willens oder fähig gezeigt hatte, sich artikuliert dazu zu äußern. Er wäre gewissermaßen um ein Haar sang- und klanglos in der Versenkung verschwunden.

In seinem Aufsatz „Abstrakte Arbeit und Sozialismus" hatte Robert Kurz 1987 nicht weniger als eine komplette Neuinterpretation der Warenanalyse, eines Kernstücks der Kritik der politischen Ökonomie vorgenommen. Wenn seine Argumentation dabei zwar auch auf Vorläufer zurückgriff, so hatte sie im Ganzen doch durchaus etwas Originelles. Mit ihr wurde gewissermaßen das Fundament dessen gelegt, was in Gestalt der ersten Ausgabe der Zeitschrift „Marxistische Kritik" gut anderthalb Jahre zuvor als „Fundamentalkritik" des Werts proklamiert worden war.

Es war damals – um das Wendejahr 1989 herum – links nicht eben Mode, sich mit Marx und noch dazu seiner scheinbar so esoterischen Werttheorie zu beschäftigen. Genau dies aber verlangte der Kurzsche Text seiner Leserschaft auf geradezu unerhörte Weise ab. Das gilt nicht zuletzt für den Verfasser der hier vorliegenden Kritik. Er verdankt der Auseinandersetzung damit Entscheidendes an Einsichten in den Aufbau und Argumentationsgang der Warenanalyse, gewissermaßen des Eingangsportals des Marxschen Hauptwerks „Das Kapital". Der zweifellos in bester Absicht unternommene, jedoch alles in allem einigermaßen missglückte Versuch des Robert Kurz, dieses und jenes darin geradezurücken, machte allerhand Aufräumarbeiten nötig. Just deren Lehreffekt aber kann kaum hoch genug geschätzt werden. Wie der Restaurateur eines Bildes dieses ganz anders und viel gründlicher kennenlernt als derjenige, der das unbeschädigte Bild betrachtet, so schärft auch in diesem Fall das Aufräumen der Interpretation den Sinn für die Details des interpretierten

Werkes wie dessen „artistisches Ganzes"[5] ganz anders als die bloße Lektüre des Originals.

Die vorliegende Kritik wurde verfasst, als Robert Kurz noch eher am Anfang seines publizistischen Weges stand. Schon deshalb kann es sich nicht um eine Gesamtwürdigung des Kurzschen Werkes handeln; das meiste davon war vermutlich noch nicht einmal geschrieben, geschweige denn veröffentlicht. Sie ist auch das Produkt einer von den Wandlungen des Krisis-Projektes angetriebenen, gleichwohl schmerzhaften Trennung, über die vor allem in der Einleitung in gewisser Weise Rechenschaft abgelegt wird,[6] und trägt deren Anzeichen.

Ob Robert Kurz die Kritik zur Kenntnis genommen hat, weiß ich nicht. Gelegenheit dazu hatte er jedenfalls gehabt. Diese so wahrgenommen, dass es öffentliche Spuren hinterlassen hätte, hat er allem Anschein nach nicht. Allerdings habe ich seine Publikationen meinerseits seither nicht mehr als stichprobenartig verfolgt. Wenn es daher unten an einer Stelle[7] zu „Abstrakte Arbeit …" heißt, dies sei der „einzige" seiner Texte, der die Marxsche Werttheorie zum Gegenstand habe und sich deren Quellen zuwende, dann gilt das mit einiger Gewissheit nur für die Veröffentlichungen bis etwa 1994. In Späterem mag das hier und da etwas anders aussehen.

Ganz sicher nicht trifft jenes frühere Urteil sein letztes, im Juli 2012 posthum erschienenes Buch „Geld ohne Wert". Dieses gut 400 Seiten starke Werk, eine Art Vermächtnis des Robert Kurz, wenn auch als solches sicher nicht konzipiert, mutet sogar ein wenig an wie die späte Wiederaufnahme jenes Fadens, den der Autor in „Abstrakte Arbeit …" erstmals gesponnen und dann für lange Zeit liegen gelassen hatte. Er spinnt ihn darin allerdings, wie bereits der schiere Umfang erahnen lässt, weit über den einstigen Anfang hinaus. An den erinnert indes nicht zuletzt der äußerst sperrige Charakter dieses Essays (so die Bezeichnung des Werkes durch seinen Autor), der eine Leserschaft, die sich etwa am „Schwarzbuch des Kapitalismus" erfreut hat, auf

---

5 Marx 1965, S. 132.

6 Ausführlicheres dazu außerdem in Dockerill 1994.

7 Siehe S. 18.

eine harte Probe stellt. Allemal lesenswert und diskussionswürdig ist das Buch dennoch, auch deshalb, weil Robert Kurz darin sich unter anderem ausführlich auseinandersetzt mit der *neuen Marx-Lektüre*, vertreten vornehmlich durch Michael Heinrich.

Es finden sich darin aber auch Argumentationsfiguren, die bereits den Aufsatz von 1987 maßgeblich bestimmt haben und so sich als Konstanten des Kurzschen Werkes erweisen. Zu nennen ist hier zuvorderst die Verbandelung des Fetischcharakters der Ware mit der Wert*substanz* anstelle der Wert*form*, an welcher Marx ihn herausarbeitet.[8] Sie wird in diesem Spätwerk freilich nicht mehr problematisiert, sondern eher als geklärt vorausgesetzt. Wer sich also näher interessiert für den Zusammenhang der Bestimmung der Wertsubstanz durch abstrakte Arbeit mit ihrem Erscheinen als Tauschwert bei Marx sowie für die Differenz der Marxschen Darstellung zur Wertkritik des Robert Kurz, dem kann ich nach wie vor den meisten Aufschluss darüber in der Lektüre der folgenden Kritik des Kurzschen Frühwerks versprechen.

Sie ist, gleich ihrem Gegenstand, wie gesagt bereits älteren Datums. Für die Neuveröffentlichung habe ich nur hier und da kleinere Ungenauigkeiten und Fehler behoben, aber die Spuren ihres Alters, mithin der Zeitumstände, in denen sie verfasst wurde, nicht getilgt. Auch 1995 noch waren die Zirkel, in denen man sich für Marx und gar seine Werttheorie interessierte, wenige und übersichtlich. Das Interesse begann – nicht zuletzt dank der frisch in Gang gekommenen Publizistik eines Robert Kurz – eben erst wieder neu zu erwachen. Michael Heinrichs 1991 erstmals (beim VSA) erschienene „Wissenschaft vom Wert"[9] beispielsweise war auch unter den, von Kurz so titulierten, „Marx-Menschen", die seine Wertkritik kritisch diskutierten, noch eher ein Geheimtipp. Dies mag die manchmal ausgesprochene Exklusivität dessen erklären, was diese alte Kritik an einschlägigem Neuen zur Debatte, namentlich in den Fußnoten,

---

8   Siehe z. B. Kurz 2012, S. 187; vgl. dazu unten bes. S. 46f, 65f, 98f oder 127ff.

9   Heinrich 1991 u. 2003.

zitiert und kommentiert. Dank der medialen Revolution des Internets ist jedoch das Meiste mittlerweile online frei zugänglich (und in der Literaturliste entsprechend ausgewiesen), kann also bei näherem Interesse leicht nachgelesen werden.

Im Übrigen soll diese, den Reigen eröffnende Kritik der Wertkritik ihre Fortsetzung finden in weiteren Beiträgen, unter Einschluss insbesondere auch der kritischen Würdigung von Michael Heinrichs Lesart der Marxschen Kritik der politischen Ökonomie, die vor allem nach der Jahrtausendwende reüssierte. Was die Werttheorie betrifft, stellt sie in gewisser Hinsicht das Gegenstück dar zur Lesart des Robert Kurz. Wo dieser sich stürzt auf den Inhalt des Werts unter weitgehender Absehung von dessen Form, da sieht jener just diese Form, bei Aberkennung jeglicher Bestimmtheit ihres Inhalts, Wunderdinge tun. Beide wiederum unterziehen die Marxsche Werttheorie einer Revision, von der sie behaupten, dass sie die eigentliche Intention der Theorie erst sicherstelle. Was zu überprüfen wäre und für die Kurzsche Lesart (mit den dargelegten Einschränkungen) im Folgenden geschieht.

Kiel im Sommer 2014

Einleitung

Die nachstehende Auseinandersetzung mit der als „fundamental" sich bezeichnenden Wertkritik mag wie ein Anachronismus anmuten. Hat doch der Nürnberger Fundamentalismus, müde vom stupiden Wiederkäuen dessen, was man für die Essentials Marxscher Kritik der politischen Ökonomie hält, längst sein Fundament zur Disposition gestellt. Zwar wird in der Krisis als „Ausgangspunkt" der eigenen Unternehmungen immer noch gelegentlich „die Marxsche Theorie" bemüht; dies besonders dann, wenn es gilt, hier und da die revolutionäre Reputation zu flicken, auf die man denn doch nicht verzichten kann bei aller Verachtung von „Klassenkampffetisch", „Aufklärungsdenken" und wie dergleichen Etikettierungen sonst noch heißen, die einem die *Kritik* linker Bewusstseinsformen ersetzen. Solche nur noch floskelhafte Berufung auf Marx wird vor allem dort praktiziert, wo die in der Nähe zur dumpf philosophierenden, ressentimentgeladenen, traditionell-reaktionären oder postmodernen Marxismus-Kritik aufsteigenden faulen Ausdünstungen so peinlich zu werden beginnen, dass es geraten erscheint, die Sinne ein bisschen zu betäuben. Ansonsten gilt es jedoch inzwischen als anrüchig, den reklamierten Ausgangspunkt auf seine Substanz hin abzuklopfen. Man ist stolz darauf, aus dem „Marxschen Begriffsuniversum" – was immer das für eine Behausung gewesen sein mag – ausgezogen zu sein, und wer sich etwa daran macht, jenen halt nur noch virtuellen Ursprung selbst zu befragen, ist ein gemeiner Spielverderber.

Der durchschnittliche fundamentale Wertkritiker von heute will nichts wissen (und weiß vermutlich wirklich nichts) vom Bemühen um ein „authentisches Verständnis" der Marxschen Kategorien, das dem Projekt „fundamentale Wertkritik" dereinst als sein Markenzeichen diente, ganz zu schweigen vom nicht einmal nur blassen Schimmer eines Verständnisses, das er sein eigen nennen darf. Was heutzutage Krisis-Anhänger in Diskussionsrunden über Kritik der politischen Ökonomie zum Besten geben, eignete sich allenfalls zur Karikatur jener üblichen, um Sachkenntnis völlig unbekümmerten, postmodernen Fachsimpeleien, worin mehr zufällig auch der eine oder andere Terminus der politischen Ökonomie auftaucht; mit deren wissenschaftlicher Kritik hat das selten etwas zu tun. Die Beschäftigung solcher Wertkritiker mit den Quellen ihrer Weisheiten beschränkt sich offensichtlich auf das Maß akademischer Hausarbeiten: Man kann Autor, Titel, Erscheinungsort und -jahr sowie einige Stichworte mit etwas Glück korrekt zitieren, darüber hinaus interessiert vor allem, von wem wann und wo das eine oder andere Stichwort mit welchen Schlenkern durch die endlose Sekundärliteratur geschleift wurde. Etwaige Gelüste nach einer ins Einzelne gehenden Auseinandersetzung mit originalen Gedankengängen (von Marx oder anderen) wird da geradezu als sittliche Verirrung betrachtet. Der „politökonomische Analphabetismus", den Robert Kurz der Restlinken neuerdings wieder übelnimmt, hat längst von seiner eigenen Anhängerschaft umfassend Besitz ergriffen, und mancher darunter kokettiert damit. Von diesen Leuten, die gewissermaßen ganz naturwüchsig zur wichtigsten Zielgruppe der Krisis-Autoren avanciert sind, ist natürlich nicht zu erwarten, dass sie sich auch nur von ferne dafür interessieren, was es mit jenem einst postulierten „authentischen Verständnis" auf sich hatte. Sie sind schließlich froh, dass Kurz und Co. sie damit nicht mehr behelligen.

Auf der anderen Seite haben all jene, die der fundamentalen Wertkritik schon immer skeptisch bis ablehnend gegenüberstanden, vermutlich längst gewusst, dass das nicht gut gehen konnte. (Ich spreche hier nicht von solchen Linken, die das Projekt der fundamentalen Wertkritik bloß lustlos zur Kenntnis nahmen, getrieben allein durch den allgemeinen linken Diskurs, der im Zusammenbruch seiner Welterklärungen jeder sich noch regenden frohen Botschaft lauschen muss.) Wer sich selber in der Marxschen Kritik der politischen Ökonomie ein bisschen auskannte, dem war nicht entgangen, dass der fundamentalistische Zug, die überstrapazierten Gesten des noch-nie-dagewesen Grundsätzlichen und Weltumstürzenden, mit denen die meisten Aufsätze in der Krisis bzw. der Marxistischen Kritik den sogenannten „traditionellen Marxismus" zu erledigen suchten, bei Licht betrachtet so manches vertraute Merkmal altbackener, von näherer Bekanntschaft mit dem Gegenstand ungetrübter Marx-Kritik mit sich führte.

Die Operation des unsäglichen „Abspaltungstheorems", die der Krisis-Autorenschaft die Stichworte lieferte, ihren Abschied vom selbstgewebten sogenannten „Raster der allgemeinen ‚Wertkritik'" PR-gerecht zu inszenieren, hat insofern nur eine theoretische Spießigkeit ungeniert zur Kenntlichkeit gebracht, die hinter den forschen Attacken aufs „warenförmige Bewusstsein" schon längst vermutet werden musste. Die Reduktion der Analyse der kapitalistischen Produktionsverhältnisse auf die Marxsche Demonstration des Warenfetischismus hatte schon immer Anlage, die Kritik von Ware und Geld auf das Niveau einer nebulösen Aburteilung der Moderne herunterzubringen mit dem entsprechenden Hang zu Beschwörungen der Apokalypse. Wer hartnäckig die zahlreichen Hinweise im Marxschen Werk darauf übersieht, dass Ware und Geld der Fortentwicklung zum Kapital bedürfen, um zu herrschenden Formen der Vergesellschaftung zu avancieren, wer sich folglich den Teufel schert um die in solcher Fortentwicklung sich ergebende Spezifizierung und Verwandlung ihrer Bestimmungen, der muss irgendwann der Wahrheit Tribut zollen, dass seine allzu dürftigen Kategorien dem gesellschaftlichen Zusammenhang Gewalt antun. Es gehört in solchen Fällen zu den ordinären Verfahrensmustern der arrivierten Sozialwissenschaften, die den dort angesagten Interpretationsrastern geschuldeten Bornierungen des eigenen Kopfes dem bloß oberflächlich angeeigneten Stoff anzulasten und „also" im Eklektizismus Zuflucht zu nehmen: Der leider halt auch nur „abstrakt-universalistische" Marx habe den wirklichen Zusammenhang verfehlen müssen, weil ihm dessen von der Warenform nicht erfassbaren und deshalb abgespaltenen Momente entgangen seien, und bedürfe darum der Ergänzung durch allerlei wissenschaftlich aufgemotztes Zeug, das sein Dasein der ähnlich borniertern Bearbeitung solcher Momente als besondere sogenannte Themen verdankt.

Den matten Abglanz von Plausibilität, den im gläubigen Krisis-Publikum immer noch mancher für ein originales Leuchten hält, bezieht das sogenannte Abspaltungstheorem daher, dass in der Tat alle jene in der für sich betrachteten Ware, bzw. der durch sie konstituierten *einfachen* Zirkulation noch unscheinbar schlummernden Gegensätze, zwischen Wert und Gebrauchswert, zwischen privater und gesellschaftlicher Arbeit, zwischen Produktion und Konsumtion usw., in dieser einfachen Form noch bloß vorausgesetzt sind, also nicht als durch einander vermittelt auftreten und daher die Tendenz haben, ebenso unvermittelt sich in Wohlgefallen aufzulösen, weshalb es auch leicht als pure Spitzfindigkeit erscheinen kann, wenn man sich in sie verbohrt. Nur so sind auch die verschiedentlich von Marx eingestreuten Bemerkungen zu verstehen, dass der Gebrauchswert aus der politischen Ökonomie herausfalle, soweit sie nämlich nur operiert mit den fertigen, durch die einfache Zirkulation gegebenen ökonomischen Formen.[1] Im Geld z.B., der höchsten ökonomischen

---

1   Ernst Lohoff hat es sich da sicherlich zu leicht gemacht, wenn er einst schrieb: „Ein wesentlicher Schritt von Marx hinaus über den Horizont der klassischen Arbeitswertlehre und der klassischen Nationalökonomie überhaupt bestand darin dass er den Gebrauchswert, die stoffliche Seite der Warenvergesellschaftung, zum expliziten Gegenstand im Bereich der politischen Ökonomie machte." (Lohoff 1988, S. 59) Es konnte für Marx nicht darum gehen, einfach den Gebrauchswert überhaupt der Ökonomie einzuverleiben. Ganz im Gegenteil schließt er sich zunächst der Bestimmung der klassischen Ökonomie an, dass ihr spezifischer Gegenstand, der Tauschwert bzw. Wert der Waren nichts mit deren Gebrauchswert zu tun hat. Es war dies eine notwendige Voraussetzung seiner Kritik, weil die seinerzeit aufgekommene Vulgärökonomie – namentlich in ihrer deutschen Fassung – mit der umstandslosen Einbeziehung des Gebrauchswerts in die ökonomische Betrachtung auf die vollständige Konfusion von Wert und Gebrauchswert hinauslief. Den Ansatzpunkt dafür aber bot die klassische ricardianische Ökonomie gerade darin, dass sie die Scheidung des Werts vom Gebrauchswert nicht streng genug, nämlich nicht auch an der warenproduzierenden Arbeit, durchgeführt hatte. Der Gebrauchswert kommt für Marx daher nur in Betracht, wo er der Sache nach wirklich in die Bestimmung ökonomischer Formen eingeht. In ein sich gegenseitig bedingendes Verhältnis zum Wert tritt der Gebrauchswert bei der Entwicklung der ökonomischen Formen aber erst im Übergang vom Geld zum Kapital, der von der fundamentalen Wertkritik systematisch ausgeblendet wurde (vgl. Dockerill 1994, S. 20ff). Indes wäre es sicher

Form, zu der die einfache Warenzirkulation sich aufschwingt, tritt zwar der Gebrauchswert einer Ware (Gold) ein die ökonomische Form, indem er zur handgreiflichen Inkarnation des Werts dient, die Formbestimmung verflüchtigt sich als solche aber im selben Moment, da man versucht, sie festzuhalten (etwa in der Schatzbildung), und fällt, als bloße „Verrücktheit", wie Marx sagt, aus der ökonomischen Form wieder ganz heraus.[2]

Nun ist es allerdings nicht damit getan, gegenüber der von der Krisis kolportierten Kurzfassung der Marxschen Wertkritik (welche letztere, wie wir noch sehen werden, genauer bezeichnet wäre als *Form*kritik des Werts) deren Fortentwicklung zur Kapitalkritik zu verlangen und in Angriff zu nehmen. Wenn die theoretische Synthese des gesellschaftlichen Ganzen der Warenproduktion steckenbleibt in den Formen der einfachen Zirkulation, dann stimmt schon im Ansatz etwas nicht mit ihr. Der mystifizierende Schleier, der die Kategorien der Waren- und Geldzirkulation als fertige, jedermann geläufige Verkehrsformen des kapitalistischen Alltags umgibt und ihren historisch flüchtigen, vergänglichen Charakter verhüllt, ist dann offenbar noch gar nicht gelüftet, der Fetisch noch nicht entzaubert.

Die Kritik des Warenfetischismus aber, der Elementarform aller weiteren, das kapitalistische Produktionsverhältnis verdunkelnden, entwickelteren Fetischgestalten, schien immer der gemeinsame Boden gewesen zu sein, den die fundamentale Wertkritik mit denjenigen teilte, die kritische Auseinandersetzung mit ihr für nötig hielten. Mehr noch: Viele heutige Kritiker des Fundamentalismus der Krisis (der Autor dieser Zeilen eingeschlossen) kommen nicht umhin zuzugeben, dass sie in diesem Punkt der fundamentalen Wertkritik einige Lernprozesse verdanken. Da erhebt sich wohl notgedrungen die Frage: Was

---

interessant zu erfahren, wie Ernst Lohoff, als treuer Herold jeder neuesten Erleuchtung der fundamentalen Wertkritik, die inzwischen an Marx bloß noch bemäkelt, dass er den Gebrauchswert aus der politischen Ökonomie herausfallen lasse (vgl. Kurz 1992, S. 143ff), sich heute wohl stellt zu seinem früheren emphatischen Lob auf die Würdigung des Gebrauchswerts durch Marx.

2   Vgl. hierzu Marx 1983, S. 184ff.

gab es am Ende tatsächlich zu lernen von der fundamentalen Wertkritik? Oder anders herum: Inwieweit gibt es Ursache, die durch sie angestoßenen Lernprozesse zu revidieren?

Die Frage führt uns aus zwei Gründen zurück zur Beschäftigung mit einem mittlerweile schon ziemlich eingestaubten Aufsatz von Robert Kurz aus der Frühzeit der fundamentalen Wertkritik, des Titels „Abstrakte Arbeit und Sozialismus"[3]. Es ist dies buchstäblich der einzige Text aus Kurzens Fabrikation, der nicht nur in der Phrase die Marxsche Werttheorie zum Gegenstand hat, wie sein Untertitel ankündigt, sondern sich auch in der Tat den Marxschen Quellen – freilich in sehr spezieller Weise – zuwendet.[4] Wir haben hierin also zum einen das wohl wichtigste Dokument über den theoretischen Ausgangspunkt der fundamentalen Wertkritik vor uns, werden aber darüber hinaus gewissermaßen durch den Meister der neuen Lehre selbst zurück zu Marx geleitet, dessen theoretische Aufhellung und auch Weiterentwicklung er für sich reklamiert. Es steht zu hoffen, dass das Studium dieses Ausgangspunktes eines Rückgangs auf den „authentischen" Marx, an dessen Ende schließlich der ganze Marx unverdaut ausgespuckt und verramscht wurde, uns einigen Aufschluss darüber liefert, welches die dafür entscheidenden Weichenstellungen waren.

Der authentische Marx ist noch allemal Ausgangspunkt und Messlatte jedes Versuchs, die gesellschaftliche Gegenwart kritisch, d.h. als *historisch bestimmte* zu begreifen, bis es irgendwann vielleicht gelungen sein wird, den sozialen Prozess neu darzustellen, vervollständigt bzw. korrigiert im Lichte des

---

3   Kurz 1987. Zitatnachweise, die sich auf diesen Text beziehen, werden im Folgenden direkt hinter dem Zitat mit der Seitenzahl in Klammern angegeben.

4   Übrigens auch einer der wenigen Aufsätze von Robert Kurz, der überhaupt so etwas wie einen theoretischen *Gegenstand* aufzuweisen hat und daher kritikabel ist. Wie er allerdings dieses Gegenstands sich entledigt (bzw. ihn von vornherein verfehlt), das gibt gewissermaßen das hier in seinen Umrissen noch recht gut erkennbare Muster ab für jenes seither zusehends halt- und konturlos gewordene Radebrechen über verschiedenste sogenannte Begriffe, die wegen ihrer gegenstandslosen Beliebigkeit nur noch sprach- und ratlos machen.

Fortgangs, den er genommen hat, seit Marx ihn in seiner Kritik der politischen Ökonomie als Gegenstand wissenschaftlicher Untersuchung erstmals freilegte. Solange sozialkritisches Denken, das für sich reklamiert, Marx hinter sich gelassen zu haben, regelmäßig dabei endet, das Gesellschaftliche jeglicher *zusammenhängenden* Betrachtung ganz zu entziehen, solange es *gegen* Marx bloß das *Auseinanderfallen* der menschlichen Verhältnisse in separierte sogenannte Themenkomplexe zu behaupten imstande ist, letztlich also seinen Gegenstand überhaupt und damit sich selber verleugnet, solange beweist es auf seine eigenartige Weise vor allem die ungebrochene Aktualität der Marxschen Kritik der politischen Ökonomie.

In der marxistischen Neuen Linken war freilich ein solches Bewusstsein von der Bedeutung des Kernstücks Marxscher Theorie immer schon eher die Ausnahme. Wo sie nicht von vornherein die theoretische Aufhellung ihrer umstürzlerischen Ambitionen durch politisch-moralischen Rigorismus ersetzte, da sicherte sie sich allzu oft die äußeren Voraussetzungen des Theoretisierens früher oder später unter Preisgabe des umstürzlerischen Gedankens. Das unter solchen Bedingungen erhaltene theoretische Rüstzeug des praktizierenden Durchschnittslinken war am Ende so heruntergekommen, dass den allermeisten Exemplaren dieser Spezies die wertkritische Propaganda aus Nürnberg vorkommen musste, je nach Temperament, entweder wie die unverständlichen Laute einer unbekannten Art oder wie eine wunderbare Offenbarung. Die Propagandisten selber gehörten übrigens zur zweiten Kategorie; und wie es bei Offenbarungen zu geschehen pflegt, emanzipierte jene sich rasch von der Erfahrung, der sie ihr Dasein verdankte, machte sich selbst zum Maß aller Dinge und verlor daher an sich selber jedes Maß. Wenn als neuartige Entdeckung gelten kann, dass Marx seine Darstellung der kapitalistischen Produktionsverhältnisse nicht aus bloßem Übermut auf das Fundament der Warenanalyse gestellt hat, dann offenbart sich darin objektiv zuallererst nur die gründliche Anspruchslosigkeit bisheriger neulinker Kapitalismuskritik, nicht zuletzt natürlich derjenigen der Entdecker selbst. Nichts liegt da bei nüchterner Überlegung ferner als die Idee, aus dieser

Entdeckung sogleich eine besondere neue Theorie zu zimmern. Indes ist Nüchternheit sicher nicht unbedingt eine Tugend des Verdurstenden. Die intellektuelle Dürre, unter welcher der größte Teil der Linken darben muss, verwandelt leicht jeden auch relativ einfachen Gedanken in die Fata Morgana einer kompletten Theorie mit allen Schikanen, und wir haben alle Hände voll damit zu tun, da klaren Kopf zu behalten, die Dinge ins rechte Verhältnis zueinander zu setzen.

Diese Umstände möge in Rechnung stellen, wem die folgende Auseinandersetzung mit der wirklich fundamentalen Konfusion der Marxschen Werttheorie, die Robert Kurz uns in seiner wertkritischen Frühschrift darbietet, als vertane Liebesmüh' erscheinen will. Ich gebe zu, dass die Geduld der Leserschaft streckenweise arg strapaziert werden wird, wenn ich ihr zumute, dem Kurzschen Gedankengang in etliche seiner grotesken Abirrungen zu folgen. Es wird einige Mühe kosten, einen roten Faden, einen zusammenhängenden Gedankengang im Auge zu behalten. Dafür bitte ich um Entschuldigung, übernehme aber nicht die Verantwortung – oder höchstens insofern, als ich überhaupt mit dem Ansinnen komme, das (von manchen schon beklagte) Wirrwarr dieses fundamentalen Schinkens aufzulösen, nachdem er doch gerade Aussicht hatte, endlich gnädigem Vergessen anheimzufallen.

Natürlich wäre es einfacher, beschränkte man sich im wesentlichen auf die positive Darlegung der Marxschen Werttheorie. Noch einfacher wäre es dann freilich, auf die einschlägigen Marxschen Texte zu verweisen, denn der ganze Fragenkreis, in dem die neuere wertkritische Diskussion sich umtreibt, ist dort weitaus gründlicher und folgerichtiger bearbeitet, als diese erahnen lässt. Jedoch sind die Texte ja bekannt und werden wohl auch immer wieder einmal zur Hand genommen, wie fleißiges Zitieren daraus anzeigt. Die Marx-Lektüre, so erschöpfend sie ihrer Substanz nach wäre, scheint allein also nicht zu helfen. Im unterm Namen Wertkritik abgehaltenen Diskurs (egal ob er Robert Kurz oder eher etwa Moishe Postone favorisiert oder beide und noch einige andere verheiraten möchte) artikulieren sich beachtliche Verständnisschwierigkeiten mit der Marxschen

Darstellung, um die der Rückgang auf den authentischen Marx offenbar nicht herumkommt. Was diese Artikulation betrifft, ragt der hier zu untersuchende Aufsatz von Robert Kurz immerhin deutlich heraus. Jedenfalls bietet dagegen das Gestammel, das beispielsweise mittlerweile in den Bahamas in Sachen „Wertgesetz" veranstaltet werden darf, kaum noch Anhaltspunkte für Kritik; da muss man schon dankbar sein, wenn jemand wenigstens richtigstellt, dass Werttheorie nichts zu tun hat mit dem Grenznutzen-Blödsinn der Volkswirtschaftslehre.

So gesehen kann ich vielleicht hoffen, dass die hier unternommene Kritik eines Urtextes der fundamentalen Wertkritik auch über die unmittelbare Auseinandersetzung mit dieser speziellen Lehre hinaus und sogar davon unabhängig von Interesse ist für alle diejenigen, die in der in Mode gekommenen Ausschlachtung von Stichworten der Marxschen Wertformkritik für eine sich besonders schlau dünkende Anklage ungeliebter Zustände vergeblich Ausschau halten nach einer theoretisch schlüssigen Analyse der Ware und ihres Fetischcharakters. Ich denke zeigen zu können, dass die Marxsche Formanalyse der Ware keineswegs jene Geheimwissenschaft ist, als welche der wertkritische Diskurs in seiner Hilflosigkeit sie so gerne darstellt.

Es wird übrigens nicht nötig sein, durch sämtliche der engstens bedruckten fünfzig Seiten des Kurzschen Textes sich hindurchzuquälen, denn der Webfehler seiner Überlegungen zeigt sich bereits in ihren Anfängen und pflanzt sich von dort aus bloß als solcher fort, so dass es genügt, sie ein Stückweit zu verfolgen, um ihren ganzen Inhalt zu erfassen; von einem gewissen Punkt an erschöpfte sich dessen Kritik in ermüdenden Wiederholungen. Ich habe es mir daher namentlich gespart, die Kurzsche Nutzanwendung der von Alfred Sohn-Rethel entlehnten Kategorie der „Realabstraktion" zu untersuchen; sie dient bei Kurz nur dazu, eine von ihm selbst fabrizierte sogenannte „Lücke" in der Marxschen Werttheorie zu stopfen, mit welcher sie aber an sich nichts zu tun hat. Eine Auseinandersetzung damit scheint freilich dessenungeachtet angesagt zu sein, geistert doch das Stichwort „Realabstraktion" als eine Art Faktotum unverwüstlich durch den wertkritischen Diskurs, naturgemäß vor allem dort, wo das „Reale", die konkreteren Formen nämlich des „waren-produzierenden Systems", mangels analytischer Anstrengung nicht so recht zusammenkommen will mit den aufgeschnappten einfachen, weil abstraktesten Bestimmungen – also fast überall. Diese Auseinandersetzung hätte aber weniger Robert Kurz oder sonst irgendeinen postmodernen Wertkritiker zum Gegenstand, als vielmehr das Sohn-Rethelsche Original.

Lesarten: eine fundamentale Rezeptionsgeschichte

Der Aufsatz, der uns nun näher beschäftigen soll, beginnt mit einem Abriss der Rezeption der Marxschen Werttheorie seitens des arbeiterbewegten Marxismus, der nur aus dem einzigen Grund bemerkenswert ist, weil er von allem möglichen handelt nur nicht von dem, wovon er vorgibt zu handeln. Seine Kernaussage lautet, dass dieser Marxismus sich niemals dafür interessiert habe, was denn der Wert eigentlich sei, sondern lediglich für den *Mehr*wert sowie das sogenannte Wert*gesetz*, das Kurz uns erläutert als „die indirekte Form gesellschaftlicher *Regulierung*, deren zentrale Instanz der *Markt* darstellt" (59). Der Wert selbst sei regelmäßig als simple, per Definition abzuhandelnde Tatsache vorausgesetzt worden, statt, wie Kurz es gerne hätte, einer wie auch immer gearteten „Kritik" anheimgefallen zu sein. Dass die Kritik des Werts im Gang der Marxschen Argumentation durchaus sehr verschieden ist von seiner Verdammung „als einer negativen, zerstörerischen Potenz" (58), die Kurz dabei vorschwebt, kann man schon nach einer flüchtigen Bekanntschaft mit den ersten Abschnitten des „Kapitals" erahnen. Diese Verschiedenheit vor allem gilt es im weiteren auszuleuchten.

Wer freilich erwartet, dass Robert Kurz ihm nun das eine oder andere Beispiel vorstellte einer marxistischen Befassung mit Mehrwert oder Wertgesetz auf Basis „unkritisch verstandener Bestimmungen" des Werts, der wird enttäuscht. Die Argumentation gibt sich subtiler. Nicht dass die Sache sich wirklich so verhalten habe, ist das Argument, sondern dass sie sich, im Kurzschen Blick auf die neuzeitliche Geschichte, so verhalten haben „muss". In seiner historischen Zwischenblende schlägt Kurz großzügig einen Bogen von den ersten Entwicklungsschüben der Warenproduktion „schon seit dem 15. Jahrhundert" bis zu den „empirischen Lebensumstände[n] der Arbeiterklasse noch bis weit ins 20. Jahrhundert hinein" und extrahiert daraus einen Kurzschen Widerspruch:

> „Einerseits hatte sich … das Wertverhältnis tendenziell verallgemeinert, freilich erst für den Einzelnen in Teil- oder Randbereichen seiner Reproduktion."

„Einerseits" also hatte sich das Wertverhältnis nicht wirklich „verallgemeinert", sondern bloß „tendenziell", denn die Reproduktion „des Einzelnen" (des wirklichen, lebendigen Daseins der Menschen nämlich, das freilich erst vom Standpunkt des Wertverhältnisses als „der einzelne" Mensch erscheinen kann) ist nur teilweise oder gar marginal durch den Warenaustausch vermittelt. Diese Verdeutlichung der von Kurz mit Bedacht unschlüssig gehaltenen Formulierung ist nötig, damit wir nun sein „Andererseits" richtig bewerten können. Denn

> „andererseits [war] die Lohnarbeit zunächst nur punktuell aufgeschossen; … Ein großer Teil der Warenproduktion spielte sich also über lange Zeiträume zwischen handwerklichen und bäuerlichen Kleinproduzenten auf der Basis von Eigenarbeit ab. … Die wirkliche und fast totale Verallgemeinerung der Lohnarbeit setzt erst nach dem Zweiten Weltkrieg ein." (57f)

Zur wirklichen Verallgemeinerung hat es demnach im fraglichen Geschichtsabschnitt weder „einerseits" das Wertverhältnis, noch „andererseits" die Lohnarbeit gebracht. Es sortiert hier vielmehr die blanke Willkür das Wertverhältnis auf die eine und die Lohnarbeit auf die andere Seite.

Ich will mich jetzt nicht damit aufhalten, solche verquaste Geschichtsdialektik richtigzustellen, die alle wirklichen Unterschiede, beispielsweise den zwischen industrieller und vorindustrieller Produktionsweise, einebnet, um ein ziemlich missglücktes Kurzsches Paradoxon zu plazieren. Ihr näherer Zweck besteht sowieso nicht darin, geschichtliche Zusammenhänge zu erhellen. Sie soll vielmehr Kurz zu einem ihm offenbar unmittelbar nicht zugänglichen „Phänomen" verhelfen: der behaupteten „verkürzenden Lesart" der Marxschen Theorie des Mehrwerts in ihrer marxistischen Rezeption. Die ist nun natürlich leicht fabriziert. Nachdem Kurz selbst den Zusammenhang von Wertverhältnis und Lohnarbeit in ein lockeres „Einerseits und Andererseits" zerrupft hat, ist es nur noch eine Kleinigkeit zu erklären, dass solche Geschichtsdialektik den Marxisten

> „den Mehrwert nicht als das moderne *Dasein* des Werts erscheinen [ließ], sondern vielmehr als eine äußerlich zum Wertverhältnis *hinzutretende* Kategorie." (58)

Wohlgemerkt, dies folgert Kurz nicht aus der Untersuchung irgendwelcher marxistischen Ausführungen zu Wert oder Mehrwert,[5] sondern einzig aus jener eigenartigen historischen

---

5   Der nachgeschobene Verweis auf den Artikel „Karl Marx", den Lenin 1914 als Beitrag für ein Lexikon verfasste, erweist sich beim Nachlesen als so vollständig haltlos, dass er nur geeignet ist, die katastrophale Beweislage zur Kurzschen Behauptung zu unterstreichen. Dort rangiere „nicht zufällig", schreibt Kurz, „der ‚Klassenkampf' als quasi selbständige Entität logisch *vor* der Werttheorie, die nur eine allgemeine ‚ökonomische Lehre' nachschiebt." (58f) Tatsächlich verhält es sich genau umgekehrt: Der „Darlegung des Hauptinhalts des Marxismus, der ökonomischen Lehre von Marx" wird in dem Artikel der weitaus größte Platz eingeräumt, ihr jedoch ein kurzer „Abriss seiner Weltanschauung überhaupt" vorausgeschickt, welcher den philosophischen Materialismus, die Dialektik und den historischen Materialismus abhandelt und zwar vornehmlich an Hand von ausführlichen Zitaten aus Marxschen Texten, die ein Bild der Entwicklung der Grundanschauungen nachzeichnen, die Marx schließlich zur Kritik der politischen Ökonomie führten (vgl Lenin 1974, S. 38ff). Die Klassen werden darin als ein Charakteristikum der jeweiligen Produktionsverhältnisse behandelt, womit dann auch klargestellt ist, dass die Klassen der kapitalistischen Gesellschaft und ihr Kampf „logisch" weder „vor" noch etwa „hinter" der Analyse ihrer Produktionsverhältnisse „rangieren", sondern als wesentliches Moment in deren theoretischer Beschreibung zu berücksichtigen sind. Was nun die „ökonomische Lehre" angeht und spezieller den Zusammenhang von Werttheorie und Mehrwert, so ist dessen Darstellung in Lenins Artikel allemal viel richtiger als alles, was Robert Kurz über Wert und Mehrwert zusammengeschrieben hat. Jedenfalls begeht Lenin nicht die Dummheit, die „Klassen … aus dem Wert und seiner Bewegung" (59) ableiten zu wollen (vgl. auch Dockerill 1994, S. 22f).

Dialektik, die zuvor schon Wertverhältnis und Lohnarbeit (die hier den Mehrwert einschließt) in ganz äußerliche Beziehung zueinander gesetzt hat. Garniert wird dieses Konstrukt durch eine Betrachtung über den dazu passenden Arbeiterwillen, dem auch die Marxisten Ausdruck verleihen „mussten": „Die Arbeiter" („noch stark von einem handwerklichen Bewusstsein geprägt"), behauptet Kurz,

> „wollten nicht wirklich die Wert- und Warenform der Produktion loswerden, sondern bloß das ihnen im Nacken sitzende Geldkapital" (58).

und planscht mit diesem Blick in die Tiefen der historischen Arbeiterseele vollends im seichtesten Geschichtsidealimus. Denn das, was „die Arbeiter" hier angeblich „wollten", ist natürlich in Wahrheit die bereits ideologisch systematisierte Form eines „Wollens", nämlich der handwerklich-bäuerliche Produzenten-Sozialismus etwa eines Proudhon. Wenn aber Arbeiterwille und Proudhonismus so ideal zusammenpassten, dann wäre zuerst einmal zu erklären, warum die Arbeiterbewegung sich überhaupt den Marxismus aufgehalst hat, also ihr größerer Teil zumeist, statt auf Proudhon oder ähnliche Ideologen, sich zuerst auf die Marxsche Theorie berief (die den Proudhonismus ziemlich ätzend kritisierte), um sich sodann an ihre „Verkürzung" zu machen. Was „die Arbeiter" tatsächlich „wollten", ist augenscheinlich nicht dermaßen unmittelbar herauszulesen aus beliebigen sozialistischen Traktaten, Programmen oder Parolen (auch Lassalles „unverkürzter Arbeitsertrag" wird von Kurz bemüht), die sich der Anschauung ihrer unglücklichen Lage verdankten und deren Verbesserung versprachen.

Historisch interessant ist das Wollen der Arbeiter sowieso in erster Linie, soweit es sie zu Taten trieb. Ihre Lebensumstände und der ihnen entspringende alltägliche Existenzkampf lenkte ihren Willen aber zunächst auf weitaus profanere Fragen, wie z.B. die der Überwindung der Konkurrenz untereinander, ihres Zusammenschlusses zum gemeinsamen Kampf für die praktische Verbesserung ihrer Lage durch gesetzliche Beschränkung der Arbeitszeit, Tariflöhne, Solidarkassen etc. Rezepte wie die Proudhonsche genossenschaftliche Warenproduktion mögen vielleicht in den Köpfen mancher Arbeiter herumgespukt haben, sie haben aber in der praktischen Arbeiterbewegung und den sie reflektierenden theoretischen Manifestationen schon deshalb keine größere Rolle gespielt, weil beispielsweise der Proudhonismus – keineswegs zufällig – den praktischen Kampf, Gewerkschaften und Streiks, heftig ablehnte.

Der Existenzkampf der Arbeiter verhalf dann auch ihren Vordenkern sehr bald zu der Einsicht, dass zwischen dem strengen Reglement, unter welches das Profitinteresse ihres jeweiligen Kapitalisten die Arbeiter zwingt, sowie dem regellosen Zufall, der den Austausch der kapitalistischen Waren, damit auch das Schicksal der zur Ware gewordenen Arbeitskraft zu beherrschen scheint, ein bestimmter Zusammenhang besteht. Die Marxisten, denen es um die Aufhellung der Kampfbedingungen der Arbeiter, daher um die Klärung jenes Zusammenhangs ging, wussten natürlich sehr wohl, dass die Marxsche Werttheorie den archimedischen Punkt ausmacht, aus dem heraus allein es Marx gelungen war, die Anatomie der kapitalistischen Produktionsverhältnisse in sich zusammenhängend darzustellen, mit einer Folgerichtigkeit, die auch von vielen Gegnern bewundert worden ist.

Der Zusammenhang ist allerdings kein einfacher; er ist im Begriff des Werts zwar schon „an sich", d.h. aber nur ganz abstrakt, unentwickelt enthalten. Gleichwohl kommt Kurz beim „Wertgesetz" unvermittelt auf die marxistische Debatte zur Akkumulations- und Krisentheorie zu sprechen, die eine – und zwar schon sehr weit getriebene – Entwicklung und Spezifizierung des Wertgesetzes voraussetzt. Gerade in dieser auch über die Mehrwerttheorie hinausgeführten Entwicklung der Marxschen Theorie lag die Dringlichkeit einer weiteren kritischen Ausarbeitung am deutlichsten zutage, zumal die Verhältnisse selber seit Marx nicht stehengeblieben waren, sondern sich rasant weiter entwickelten. Dagegen hatte das Fundament, die Werttheorie im engeren Sinne, durch Marx bereits ihre endgültige Formulierung so ziemlich gefunden, was nicht zuletzt daran abzulesen ist, dass es keinen weiteren Versuch einer neuen Formulierung der Theorie des Warenwerts gegeben hat, alle offizielle, nichtmarxistische Ökonomie sich vielmehr von jeglicher Werttheorie verabschiedete. Deshalb spielte in den marxistischen Debatten um Fragen der Ökonomie die Werttheorie selbst zunächst keine größere Rolle, sehr wohl aber wurde sie immer wieder von Gegnern des Marxismus oder von solchen Marxisten, die sich mit ihren Gegnern auszusöhnen trachteten (Bernstein z. B.), grundsätzlich in Frage gestellt; dies jedoch wiederum meist so, dass nicht unmittelbar ihre Begründung angegriffen wurde, sondern ungelöste Widersprüche zwischen ihr und Problemen der konkreteren Ausarbeitung behauptet wurden (z. B. die angebliche Unvereinbarkeit der Theorie der Produktionspreise mit der Theorie des Arbeitswerts).

Wenn daher Kurz glaubt, eine „Haltung" denunzieren zu müssen, nach welcher

> der „Wert als solcher … mit dürren, definitorischen, unkritisch verstandenen Bestimmungen platt als pure Selbstverständlichkeit vorausgesetzt" (57) worden sei,

dann trifft er sicherlich – lässt man sein pejoratives Ornament beiseite – einen wirklichen Sachverhalt; einen Sachverhalt allerdings, der in der Natur der Sache begründet lag, wenn auch nicht, „platt" und „unkritisch verstanden", als aus irgendwie rückständigen Verhältnissen grob herausgelesenes borniertes Arbeiterbewusstsein, vor dem der postmoderne Durchblick eines Robert Kurz sich profilieren kann, sondern begründet in den aus den Verhältnissen wie aus der Theoriegeschichte selbst den Marxisten sich ergebenden *theoretischen Fragestellungen*. In die hätte erst einmal einzudringen, wer mögliche (auch werttheoretische) Unzulänglichkeiten ihrer marxistischen Bearbeitung aufdecken möchte. Keineswegs ist eine irgendwie lieblose Beziehung der Marxisten zur Werttheorie ihres theoretischen Stammvaters schon an sich daraus abzulesen, dass sie diese als das Fundament ihrer theoretischen Bemühungen nicht in Frage stellten, sondern eher als selbstverständlich voraussetzten.

Wenn jedoch Kurz seinerseits das Wertgesetz „durchaus nicht unmittelbar" mit dem Begriff des Werts identifizieren möchte, um es *statt dessen*

> „zu begreifen als die indirekte Form gesellschaftlicher *Regulie-rung*, deren zentrale Instanz der *Markt* darstellt."

dann hat offensichtlich er selbst sich entschlossen, Marxens Werttheorie (und damit zwangsläufig dessen ganze ökonomische Theorie), folglich auch den Zusammenhang von Ware und Wert, Markt und Konkurrenz, zu zerstückeln in lauter einander äußerliche Bestimmungen. Die Kurzsche Formulierung des Wertgesetzes ist natürlich ein krasser Euphemismus. Das Wertgesetz ist einfach *der Wert als Gesetz, das die Produktion und den Austausch der Waren reguliert*. Die Form dieser Regulierung ist aber mit dem Begriff des Werts bereits gesetzt und zwar nicht bloß als „indirekte", was ja so abstrakt alle möglichen, auch idyllischen Regulationsweisen einschlösse, sondern als anarchische Regulierung, die hinter dem Rücken der produzierenden und sich austauschenden Menschen wie eine unbeherrschte Naturgewalt sich Geltung verschafft. Wie sich hier zeigt, charakterisiert vor allem seine eigene „Lesart" der Marxschen Theorie, was Kurz auf die marxistische Marx-Rezeption gemünzt wissen will:

> „Wie schon der Mehrwert der Wertkategorie selber äußerlich hinzutretend missverstanden wurde, so also auch das Wertgesetz als ‚anarchisches Prinzip der Konkurrenz'."

Die Bemerkung zielt nicht darauf, dass Wertgesetz und Mehrwert aus „der Wertkategorie selber" zu entwickeln seien, wie man beim unbefangenen Lesen vermuten müsste. Kurz will damit vielmehr Mehrwert und sogar das Wertgesetz als uneigentliche Fragestellungen aus dem Weg räumen, um sich ganz und gar jener „Wertkategorie selber" widmen zu können. Er kündigt also auf reichlich verschrobene Weise die Absicht an, das dem Marxismus unterstellte Missverständnis auf die Spitze zu treiben. Es dient ihm dabei als gewissermaßen ganz abstrakter Anhaltspunkt: Nicht auf die Korrektur eines bestimmten Missverständnisses der Marxschen Theorie kommt es ihm an, sondern auf die Tatsache an sich, dass sie überhaupt misszuverstehen ist. Daraus nämlich können „Lücken und Brüche in der Marxschen Argumentation" gefolgert werden, die Robert Kurz Gelegenheit geben, Marxens Werttheorie auf ganz neue Weise, „gegen den Strich der traditionellen Lesart" (62), misszuverstehen.

Näher betrachtet freilich erweist sich auch das im Folgnden zu untersuchende Kurzsche Missverständnis als keineswegs originell. Dass das Fundament der Marxschen Theorie, die Werttheorie im engeren Sinne, in den marxistischen Debatten keine größere Rolle gespielt hätte, wie Kurz behauptet, stimmt wohl nur einigermaßen für die Zeit bis zur Oktoberrevolution. Mit dieser aber hatte die Aufhebung der kapitalistischen Warenproduktion begonnen, zu einem praktischen Problem zu werden, und warf naturgemäß die Frage nach den Elementarformen kapitalistischen Produzierens unter dem Aspekt, wie über sie hinauszukommen ist, neu auf. Seither wurde mit den unterschiedlichsten Akzenten vor dem Hintergrund der realsozialistischen Erfahrungen wiederholt diskutiert, wie Warenproduktion und Kapitalismus miteinander zusammenhängen, welches die besonderen Merkmale von Warenproduktion sind und wie sich davon sozialistische Produktionsverhältnisse unterscheiden, welche Umwandlungen Wert bzw. Wertgesetz im Sozialismus erfahren, wie sich also ihre Aufhebung konkret vollzieht etc.

Namentlich die in den sechziger Jahren im Westen sich neu formierende marxistische Linke, die dem östlichen Realsozialismus zumeist von vornherein mehr oder weniger skeptisch gegenüberstand, hat sich in allen ihren Schattierungen von Anfang an mit diesen Fragen intensiv herumgeschlagen. Und selbstverständlich hat auch der neulinke (Ex-)Marxist Robert Kurz seine spezielle Sicht auf Marx hier gelernt. Für eine ernstgemeinte Diskussion der Rezeption Marxscher Werttheorie hätte es daher nahegelegen, zunächst die jüngere, nämlich die *eigene* Rezeptionsgeschichte genauer zu betrachten (wozu dann allerdings auch die Diskussionen gehörten, die an einem selbst vielleicht, weil man beispielsweise zu einem in bestimmter Hinsicht besonders bornierten Teil der Szene zählte, vorbeigegangen sind). Ausgerechnet in diesem Punkt aber hat Robert Kurz seinerseits die Sache – zu seinem eigenen größten Schaden – allzu sehr verkürzt. Der „westdeutsche Neo-Marxismus der Neuen Linken" kommt bei ihm nur in einer Fußnote vor, die besagt, dass da in Sachen „Rekonstruktion der Marxschen Kritik der politischen

Ökonomie" nicht viel gewesen und das Wenige, „(Backhaus und Reichelt etwa)", gescheitert sei (59: Fn. 3).

Dass da doch etwas mehr gewesen ist, beweist Kurz selbst mit seinem Text sozusagen negativ, indem er nämlich allerhand Hinweise, die ihm aus dieser jüngeren Rezeptionsgeschichte zur Verfügung gestanden hätten, ignoriert hat. Es ließe sich nämlich zeigen, dass Kurzens Ansatz einer „Neu"-Interpretation der Marxschen Werttheorie im Ganzen und in den Einzelheiten (z. T. bis in wörtliche Formulierungen hinein) sehr stark – um es milde zu sagen: – inspiriert ist durch eine Arbeit des russischen marxistischen Ökonomen I.I. Rubin mit dem Titel: „Studien zur Marxschen Werttheorie", deren Thesen in der Sowjetunion der zwanziger Jahre zeitweilig Gegenstand heftiger Diskussionen unter seinen Kollegen gewesen waren. In deutscher Übersetzung erstmals 1973 erschienen,[6] wurden sie auch in der westdeutschen marxistischen Linken – soweit die überhaupt willens und fähig war, in Fragestellungen der Marxschen Ökonomiekritik tiefer einzudringen – kritisch erörtert. Hervorzuheben ist dabei eine 1975 beim VSA herausgegebene Broschüre, die ein Stück der sowjetischen Debatte um Rubins Auffassungen dokumentiert.[7] Das darin enthaltene ausgezeichnete „Nachwort" des Projekts Klassenanalyse stellt Verdienste und Fehlleistungen der werttheoretischen Überlegungen Rubins ziemlich erschöpfend klar. Wenigstens diesen kleinen Ausschnitt der jüngeren Rezeptionsgeschichte hätte Kurz berücksichtigen müssen; das „Scheitern" (um es einmal auf Kurzsche Art auszudrücken) seiner eigenen Anknüpfungen an die Rubinschen Fragestellungen hätte sich dann wahrscheinlich vermeiden lassen.

Kurz indes verweist zwar einige Male auf Rubins „auch im Westen bekannt gewordene Arbeit zur Marxschen Werttheorie" (67)[8] (ohne freilich offenzulegen, in welchem Ausmaß er für seine fundamentale Wertkritik sich darin bedient hat); bezeichnenderweise findet sich aber keiner dieser Verweise in dem Teil, der die marxistische Rezeptionsgeschichte zu resümieren vorgibt.

---

6   Rubin 1973.
7   Rubin, Bessonow 1975.
8   Vgl auch 68, 71, 84, 101.

Und schon gar nicht streift Kurz der Gedanke, dass er die Entdeckung Rubins „auch im Westen" gerade jenen Bemühungen des „westdeutschen Neo-Marxismus" um eine „Rekonstruktion der Kritik der politischen Ökonomie" verdankt, die – freilich zu Zeiten, als er noch gewissermaßen im ökonomischen Sandkasten hockte – halt doch etwas mehr hervorgebracht hat, als „gescheiterte Versuche" von „Reichelt oder Backhaus".

Ware und Wert – oder die „Lücken und Brüche" in der Marxschen Werttheorie

Wenn nun schon jene, angeblich den gesamten Marxismus beherrschende, „verkürzende Lesart" der Marxschen Werttheorie nicht nachgewiesen wurde, so sollte man doch erwarten dürfen, dass jedenfalls der Marxsche Gedankengang in diesem Punkt von Kurz zunächst einigermaßen zutreffend referiert und so seine möglichen Unzulänglichkeiten an ihm selbst aufgewiesen würden. Indes begnügt sich Kurz für sein Urteil über Marxens Werttheorie in der Hauptsache, nämlich für die Frage, ob überhaupt es darin Lücken oder Brüche gibt, mit dem – noch dazu sein Ziel glatt verfehlenden – Verweis auf die marxistische Rezeptionsgeschichte. In der Strafjustiz nennt man so etwas einen Indizienbeweis, auf welchen vor allem dann zurückgegriffen wird, wenn kein bezeugter Zugang zum verhandelten Sachverhalt zu finden ist; wo ein ganzes Verfahren sich ausschließlich auf diese Methode stützt, wird es den Ruch der Gewaltsamkeit und Willkür selten ganz los. Dass Kurz hier darauf verfallen ist, dürfen wir allerdings getrost als Indiz dafür nehmen, wie schlecht es steht um seinen Zugang zum selbsterkorenen Gegenstand der Kritik. Und wir dürfen schon einmal die Befürchtung aussprechen, dass uns womöglich eine ziemlich unkundige Schnippelei an der Marxschen Werttheorie bevorsteht. Ein Chirurg, der mit dem Skalpell herumfuchtelt, bevor er weiß, wo es etwas zu schneiden gibt und ob überhaupt, erweckt halt kein Vertrauen.

Im Gegensatz zu Kurzens Verdikt über „Lücken und Brüche" bei Marx müssen wir uns indes mit diesem noch recht äußerlichen Anhaltspunkt nicht begnügen. Gibt doch Kurz seine eigene Lesart in der Sache hinreichend deutlich zu erkennen, so dass wir sie mit dem Gegenstand, dem er in bester Absicht zu Leibe zu rücken sich anschickt, vergleichen und so Erfolg oder Misserfolg seiner Operation recht gut beurteilen können.

Dabei fällt nun freilich gleich zu Beginn eine bedenkliche Verschiebung des Ausgangspunkts ins Auge. Während Marx bekanntlich beginnt mit der einfachsten Form, in welcher der gesellschaftliche Reichtum im Kapitalismus *erscheint*, also mit der *Ware*, beabsichtigt Kurz, sogleich

> „zu den analytischen Basisbestimmungen des Wertbegriffs selber zurückzukehren, um zu einer kritischen Auflösung zu gelangen." (62)

Während also bei Marx der „Wertbegriff" oder schlichter: der Wert erst als *Resultat* einer Analyse ins Spiel kommt, möchte Kurz unmittelbar ihn selbst zum Objekt analytischer Bearbeitung machen.

Der Wert ist bei Marx eine Bestimmung der Ware und zwar eine solche, die sich nicht auf den ersten Blick ergibt, sondern bereits eine bestimmte Überlegung und einen bestimmten Abstraktionsschritt erfordert. Es mag vielleicht als eine relative Belanglosigkeit erscheinen, ob man mit Marx sich die Mühe macht offenzulegen, woher der Begriff des Werts genommen, auf welchem Weg er gewonnen wurde, oder sich diesen Schritt spart und sogleich damit anfängt, den Wert selbst zu bestimmen. Indes ist der Wert eine Abstraktion, und als diese erhält er seine Bestimmtheit nur von der bestimmten Operation des Abstrahierens, deren Ergebnis er ist. D. h. es ist von erheblichem Belang festzuhalten, nicht nur von welchem Konkretum jene Abstraktion abstammt; hierfür könnte Kurz immerhin auf den Anfang seines Aufsatzes verweisen, wo er den Wert einführt als „zum Gebrauchswert gegensätzliche gesellschaftliche Form", welche die „historische Besonderheit der Ware" (57) ausmache – eine Formulierung, an der freilich nur soviel richtig ist, dass der Wert die Ware vom Gebrauchswert unterschieden, besonders bestimmt. Eher noch wichtiger aber ist es, zu klären, wovon genau man an der Ware abstrahieren, was man in ihrer Betrachtung beiseite lassen muss, um zur Abstraktion des Werts zu gelangen, und warum gerade diese bestimmte Abstraktion notwendig ist. Ohne solche Klarstellungen[9] bleibt der Wert eine *leere, unwissenschaftliche* Abstraktion und steht damit, als „Begriff" dessen Leere nach „Inhalt" schreit, beliebiger Spekulation zur freien Verfügung. Just aus diesem Grund liebten es offenbar schon zu Marxens Zeiten besonders die deutschen Professoren der Ökonomie, sich zuallererst über den „Wertbegriff" herzumachen und aus seiner „Ableitung" (wofür wir hier ruhig auch „analytische Bestimmung" sagen dürfen) sich ihr je spezielles ökonomisches Leergebäude zu zimmern, bevor sie auch nur ein einziges ökonomisches Faktum zur Kenntnis genommen hatten. Wenn nun zwar nicht behauptet werden soll, dass Kurz, indem er ebenfalls seine Überlegungen mit der Bestimmung des „Wertbegriffs" beginnt, er dieselben „Faseleien" reproduziert, über deren tieferen Sinn man sich bei Marx aufklären kann,[10] – schließlich haben wir es hier noch mit einem kritischen Marxisten zu tun – so bleibt dennoch eine fatale Affinität zur deutsch-gelehrten „*Begriffs*wirtschaft"[11] zu notieren, die eine der Marxschen Werttheorie gerecht werdende Interpretation schwerlich befördert – von ihrer Kritik gar nicht zu reden. Es kann daher auch kein pures Versehen sein, wenn wir Robert Kurz, kaum dass er begonnen hat, sein kritisches Vorhaben in die Tat umzusetzen, wiederfinden ausgerechnet vor einigen modernen Abkömmlingen jener „deutschen Professoralschulmeister"[12] (die ja immer wieder einmal gerne vergeblich sich an Marx versuchen) – platterdings auf dem Bauch liegend. Wir kommen gleich dazu.

Eine Diagnose methodischer Affinität zu besagter Gilde von Interpreten, die Marx noch nie auch nur im Ansatz verstanden

---

9 Klären wird sich dabei u.a. auch, dass der Wert zunächst, d.h. ohne weitere Überlegungen, keineswegs „Form" ist, weder „gesellschaftliche" noch sonst irgendeine.

10 Marx 1978.

11 Marx 1978, S. 368.

12 ebenda S. 374.

haben, wird aber ohnedies erhärtet durch die folgende Erläuterung der Marxschen Methode, die Kurz uns kredenzt:

> „Marx leistet diese analytische Bestimmung" (des Wertbegriffs) „in zwei Richtungen, einmal sozusagen nach rückwärts, vom Wert zur Arbeit, und einmal nach vorwärts, vom Wert zum erscheinenden Tauschwert." (62)

Hier ist nun schon nicht mehr nur der Ausgangspunkt verschoben, sondern die ganze Analyse derart verkehrt aufgehängt, dass sie zur komischen Figur gerät. Es ist darum an dieser Stelle unumgänglich, schon einmal einiges zurechtzurücken, d.h. den wirklichen Weg der Analyse bei Marx im Vergleich mit ihrer ersten Kurz-Fassung anzudeuten, wenngleich das ganze Ausmaß der Konfusion im weiteren Verlauf der Kurzschen Erörterung sich erst nach und nach entblättern wird.

Wie gesagt geht Marx nicht aus vom Wert, sondern von der Ware, dem „einfachsten ökonomischen Konkretum"[13]. An ihr findet er Gebrauchswert und Tauschwert. Der Tauschwert aber ist zunächst bloße Erscheinungsform ohne näher bestimmbaren Inhalt, er erscheint als rein zufällige Austauschrelation zwischen verschiedenen Waren. Es ist gerade dieser scheinbar bloß flüchtige, jeder objektiven Bestimmung sich entziehende Charakter des Tauschwerts, der den Klassikern der politischen Ökonomie ebenso viele Schwierigkeiten bereitet hat, eine in sich konsistente Theorie des Warenwerts zu entwickeln, wie er ihren Nachfahren bis heute Anlässe liefert, auf eine solche Theorie ganz zu verzichten. Zwar liegt offenbar, seit Ökonomie als Wissenschaft getrieben wird, ein leidlich objektives Maß der Warenwerte im Geld immer schon vor, und die bloße Zufälligkeit und Relativität des Tauschwerts scheint darin, wenigstens bis zu einem gewissen Grad, aufgehoben. Jedoch ist erstens auch das Geld gegen die Anfeindungen des Zufalls nicht gänzlich gefeit und verflüchtigt sich manchmal in baren trügerischen Schein; es kann seine Tauglichkeit als objektiver Wertmesser verlieren. Zweitens aber muss eine Theorie des Werts die Phänomene der Warenzirkulation in sich schlüssig erklären und hat daher gerade den Zusammenhang aufzudecken zwischen der Zufälligkeit der

---

13   ebenda S. 369.

Tauschrelation verschiedener Waren und der Objektivität des Geldes, das den Austausch vermittelt – auch um die Grenzen letzterer bestimmen und begründen zu können. Es ist daher für die Marxsche Argumentation wesentlich, dass sie nicht stumm hinweggeht über den Charakter des Tauschwerts als zufälliger Proportion von Gebrauchsdingen, sondern ihn in dieser seiner Erscheinungsform ausdrücklich zur Kenntnis nimmt, sich andererseits aber nicht nur davon nicht beirren lässt, nach deren objektivem Gehalt zu suchen, sondern vielmehr dessen vom Tauschwert, wie er unmittelbar erscheint, unterschiedenes, darin verborgenes Vorhandensein aus diesem selbst ableitet. Marx begründet so, warum es notwendig ist, zunächst jenen Gehalt, den Wert, unabhängig von seiner Erscheinungsform, dem Tauschwert, zu betrachten, um sodann letztere als das Zum-Vorschein-Kommen dieses bestimmten Inhalts darstellen zu können.

Die Marxsche Analyse führt also vom *Tauschwert*, nicht vom Wert – mit Kurz zu sprechen: – „sozusagen nach rückwärts", nämlich *zum* Wert hin und zu seiner Substanz, der abstrakten Arbeit. Von hieraus geht Marx schließlich „nach vorwärts", nämlich *zurück* zum Tauschwert als der Erscheinungsform des Werts.[14] Es ist dies der Gang der Untersuchung, durchgeführt an einem sehr einfachen Gegenstand, wie Marx ihn ganz allgemein formuliert hat in seinen berühmten Überlegungen zur „Methode der politischen Ökonomie" in der Einleitung zu den „Grundrissen". Vom Konkreten, „der wirklichen Voraussetzung" (hier: der Ware und ihrem Austausch), das zunächst bloß „chaotische Vorstellung" ist, gelangen wir zu einfachen, abstrakten Bestim-

---

14   Wenn heute die Krisis-Autoren sich absetzten von „diversen Interpretatoren", die „für gewöhnlich die Marxsche ‚Kritik der politischen Ökonomie' in Analogie zur Hegelschen Logik" fassten, d.h. als wenn, wie Hegel aus dem „Sein" die Wirklichkeit, „Marx die gesellschaftliche Totalität aus dem Wert abgeleitet" habe (Lohoff 1993, S. 125f), so setzen sie sich vor allem ab von ihrer eigenen, hier von Kurz vorexerzierten Interpretation. Natürlich legen sie diesen Sachverhalt vor sich selber und ihrem Publikum nicht offen und haben darum auch nichts gelernt, sondern sind eher noch dümmer geworden: Jetzt soll Marx sogar noch den Gebrauchswert aus dem Wert abgeleitet haben (vgl. ebenda S. 126, Fn.).

mungen (Gebrauchswert, Wert, konkret nützliche sowie abstrakte Arbeit) und können von dort aus das beginnen, was Marx als „die wissenschaftlich richtige Methode"[15] bezeichnet: das konkrete Ganze als gedanklich Konkretes, d.h. als charakteristische Zusammenfassung einer Reihe einfacher Bestimmungen darzustellen.

Wir werden noch einige Male Gelegenheit haben, vor allem jenen Aufstieg vom Abstrakten zum Konkreten und die spezielle Kurzsche Variante davon gegeneinander abzuwägen. Jetzt aber ist erst einmal die Frage zu beantworten, welche Funktion der offenkundigen Verballhornung des Marxschen Gedankengangs in Kurzens Argumentation zukommt. Man erinnere sich, dass Kurz ja bereits angekündigt hat, nach „Lücken" in der Marxschen Argumentation zu fahnden, von denen für ihn feststeht, dass es sie gibt. Eine solche Lücke lässt sich natürlich viel leichter fabrizieren, nachdem die Untersuchung eines bestimmten konkreten Gegenstands verwandelt wurde in ein äußerliches Beziehen sogenannter Begriffe aufeinander. Kurz lässt uns alsbald in einen analytischen Abgrund blicken:

> „Es muss also genau analytisch differenziert werden zwischen (konkreter und abstrakter) Arbeit, Wert und Tauschwert. Die Qualität Arbeit erscheint als Wert, der Wert erscheint als Tauschwert. Der Tauschwert ist somit erscheinendes Dasein bereits in zweiter Potenz. Die Schwierigkeit einer genauen Ableitung liegt daher nicht bloß im Übergang vom Wert zum Tauschwert, der bereits viele Kontroversen hervorgerufen hat, sondern mehr noch im Übergang von der Arbeit zum Wert." (62)[16]

Wer analytisches Prozedere vor allem *fordert*, an dem ist möglicherweise die Analyse schon vorbeigerauscht. Auf die Kategorien „Arbeit, Wert und Tauschwert" jedenfalls kommt Kurz wie die Jungfrau zum Kind. Sie stehen schon bereit, ohne dass Kurz analytisch irgend etwas unter- oder wenigsten zur Kenntnis genommen hätte. Alles weitere „genaue Differenzieren" hat es daher von vornherein zu tun mit dem fait accompli ihrer Anwesenheit, also ihres Unterschiedenseins von einander. Es

---

15   Marx 1983, S. 35.

16   Die (bezeichnenden) Klammern im Zitat stammen von Kurz.

kann sie als solche fertigen Kategorien nur mehr äußerlich zu einander in Beziehung setzen, ohne in ihren jeweiligen Gehalt einzudringen.

Über den Unfug der Bezeichnung des Tauschwerts als „erscheinendes Dasein bereits in zweiter Potenz" gehe ich an dieser Stelle vorerst hinweg; er wird uns noch zur Genüge beschäftigen. Jetzt aber sollten wir die Kurzsche Ungeduld gewähren lassen, uns endlich die ominöse „Lücke" zu präsentieren; wir ahnen ja bereits, wo Kurz sie plaziert hat. Er wirft eine „offen" gebliebene Frage auf, nämlich:

> „ob der Wert nun Arbeit als solche ‚ist' … oder ob der Wert selber eine der Arbeit gegenüber verschiedene Qualität darstellt." (62)

Die Frage könnte uns an sich ziemlich kalt lassen, da sie selbst wie ihre Elemente „Wert" und „Arbeit" reichlich unmotiviert und gegenstandslos in der Luft hängen. Kurz hat bislang noch nicht einmal dargelegt, warum überhaupt Arbeit und Wert in irgendeine Beziehung zu bringen seien.[17] In der Frage aber haben wir – die Leser haben's schon erraten – jene Lücke vor uns, in deren Behebung der ganze Text schließlich seine Daseinsberechtigung finden soll, und wo die Frage aus einem Gedankengang sich nicht ergeben will, da kann ein Zitat vielleicht aushelfen. Marx gebe über sie „keineswegs erschöpfende Auskunft", eröffnet uns Kurz, sogleich hinzusetzend – wohl weil er das Gewicht seiner bloßen Versicherung zu Recht bezweifelt:

> „und so kann nicht zu Unrecht kritisch behauptet werden, dass er ‚im unklaren [lässt], welche *Qualität* einer Ware es ist, die als … Tauschwertgröße quantifizierbar ist. Diese Frage wird nicht beantwortet durch die These, das, was sich im Tauschwert ›ausdrückt‹ oder in ihm ›erscheint‹, seine ›Substanz‹ … sei die

---

17 Allerdings hat er die eine jener zwei „Richtungen" der „analytischen Bestimmung", die er bei Marx ausgemacht haben will, stillschweigend umgekehrt: Nicht mehr der Übergang vom Wert zur Arbeit interessiert ihn, sondern der von der Arbeit zum Wert. Die offenkundige Beliebigkeit der Richtung unterstreicht natürlich nur, wie willkürlich und äußerlich die fraglichen Kategorien und ihre Beziehung aufeinander dem Wertkritiker sich darbieten.

Arbeit; denn auch diese These lässt die Frage offen, die Größe welcher *erscheinenden* Qualität der Tauschwert ist, dessen *nicht* erscheinende Substanz die Arbeit sein soll'" (62)[18].

Das Zitat, das Kurz hier bemüht, uns seine Lücke anzudienen, entstammt nun ausgerechnet jener deutsch-professoralen Marx-Kritik, deren Begriffsstutzigkeit gar nicht erst versucht, dem Marxschen Gedankengang selbst nachzuspüren, und sich statt dessen damit begnügt, ihn nach ihren vorgefertigten sogenannten „Standards der modernen Wissenschaftstheorie"[19] zurechtzudeuten. Im Grunde wirft diese Kritik Marx nur noch vor, dass er über die Frage, welche „Qualität" der Ware in ihrem Tauschwert erscheint, sich überhaupt theoretische Gedanken macht, d.h. der Differenz zwischen Erscheinungsweise und Wesen der Ware sowie deren Zusammenhang nachgeht. Eine Qualität jedenfalls, die erscheint als das, was sie ihrem Wesen nach ist, wäre kein wissenschaftliches Problem.[20] Es ist aber gerade das Vertrackte der Ware und spezieller ihres Tauschwerts, dass sie sich als ein Geheimnis bergend zu erkennen gibt. Der Austausch der Waren gegeneinander, d.h. ihre Gleichsetzung in bestimmten Proportionen, drückt ein Gleiches an ihnen aus,

18   Kurz zitiert hier aus Steinvorth 1983, S. 246.

19   Steinvorth 1983, S. 244.

20   Auf welch gediegenen Quark solche Sorte Kritik hinauswill, erhellt recht hübsch die Fortsetzung der Stelle, die Kurz zitiert. Der Kritiker begeht nämlich den Leichtsinn, seinerseits die von Marx angeblich offen gelassene Frage zu beantworten: „Welche erscheinende, jedermann erfahrbare und nicht nur vom Theoretiker erschlossene Qualität ist also der Tauschwert, die spezifische Differenz der Ware? Es ist die Eigenschaft, dass eine Ware … nur unter der Bedingung entäußert wird, dass derjenige, der sie hat, für sie etwas erhält, was ihm gleich viel wert erscheint: was die gleiche Tauschwertgröße hat oder ihm den Tauschwert seiner Ware ‚realisiert'." Die erscheinende Qualität des Tauschwerts ist also? – richtig: der Tauschwert. Was hier „nicht zu unrecht kritisch behauptet" wird, ist offenbar, dass Marx ein theoretisches Problem sehe, wo bloß tautologische Sprechblasen erlaubt seien. Ein Problem haben Gewerbetreibende in Theorie wie Steinvorth bloß damit, ihr anspruchsloses Geseiche in hinreichend gestelzter Form zu Papier zu bringen, so dass ihr betrügerischer Handel nicht schon auf den ersten Blick ins Auge springt.

verrät aber nicht, was dieses Gleiche ist. Nach ihm zu forschen, das Geheimnis lüften zu wollen, ist spätestens seit Marx in den offiziellen Sozialwissenschaften verpönt und wird gewöhnlich als „Metaphysik" gebrandmarkt. Kurz selbst weiß zu Beginn seines Aufsatzes davon zu erzählen. Das praktische Aufgeben der Werttheorie, schreibt er dort, komme „einer bedingungslosen Kapitulation vor dem Marxschen Angriff" gleich (57), was wiederum ein wenig übertrieben ist, denn natürlich schwadronieren die modernen sozialwissenschaftlichen Zünfte, befreit von der Forderung nach theoretisch schlüssiger Durchdringung der Zusammenhänge, um so munterer weiter daher über Waren, Werte, Preise, Geld, pipapo; und begreiflicherweise müssen sie nach wie vor dabei ab und zu gegen den Werttheoretiker Marx sticheln, an dem sich ihre fleißigen Versuche der Systematisierung des platten Augenscheins bis zum heutigen Tag allesamt blamieren.

Offenbar hat Kurz seiner eigenen Formulierung von der „bedingungslosen Kapitulation" dieser Sorte Wissenschaft allzu sehr aufs Wort geglaubt und sich daher nicht näher dafür interessiert, wie jene Preisgabe jeglicher Werttheorie in der Sache selbst sich äußert. Andernfalls hätte er kaum so unbekümmert in deren Arsenal gegriffen und sich die Forderung zu eigen gemacht, mit der die pure Ignoranz sich wichtig macht, die der Tauschwertgröße zugrundeliegende „Qualität" habe gefälligst zu erscheinen, bevor man sich bequemen könne, sie wissenschaftlich in Betracht zu ziehen. Es kommt freilich noch viel schlimmer. Vom Glauben beseelt, hier auf ein wirkliches Problem gestoßen zu sein, unternimmt Kurz, so unglaublich das klingt, allerhand Anstrengungen, der „Qualität" Wert schon als solcher, also noch vor ihrem wirklichen Erscheinen als Tauschwert, zum Rang einer „Erscheinung" zu verhelfen, was natürlich nicht ohne verheerende Folgen insbesondere für das Begreifen des ganzen Verdinglichungsproblem abgeht.

Jedenfalls ist jetzt heraus, an welcher Frage der Kurzsche Text sich des weiteren abarbeiten wird. Und bevor wir dem wirklich abenteuerlichen Kunststück zusehen, wie der Meister der fundamentalen Wertkritik „der reflektierten bürgerlichen

Marx-Kritik" die „erscheinende Qualität" des Werts hervorzaubert, sollten wir versuchen, wenigstens eine Idee davon zu bekommen, wie besagte „Lücke" im Gang der Marxschen Analyse der Ware selbst sich gestaltet. Wie also stellt sich dort die Frage nach dem Zusammenhang von Arbeit und Wert und fällt dementsprechend ihre Beantwortung aus?

Von der Ware zum Wert.
Der Gang der Analyse bei Marx

Marx führt den Wert ein als das „Gemeinsame, was sich im Austauschverhältnis oder Tauschwert der Ware darstellt", das „zunächst jedoch unabhängig von dieser Form", in der es sich darstellt, dem Tauschwert, zu betrachten sei.[21] Dass es ein solches Gemeinsames gibt, verrät das Austauschverhältnis selbst, indem es verschiedene Gebrauchswerte einander gleichsetzt und also sagt, dass sie in Bezug auf etwas noch nicht näher Bestimmbares sich nur in der Größe unterscheiden, die sie davon darstellen. Dieses Etwas ist ihnen in ähnlicher Weise gemeinsam eigen, wie es z. B. die Schwere ist oder eine andere mehr oder weniger abstrakte physikalische Eigenschaft an ihnen. Das Gemeinsame, an ihnen Gleiche (Gleichartige) kann aber in keiner physikalischen oder sonst natürlichen Eigenschaft bestehen, weil solche Eigenschaften immer in irgendeiner Hinsicht den Gebrauchswert affizieren, dagegen das Austauschverhältnis erstens nur zustandekommt, sofern *ungleichartige* Gebrauchswerte sich gegenüberstehen, und zweitens hinsichtlich ihres Gebrauchswerts die Ware oder vielmehr Warensorte, die den Tauschwert einer bestimmten anderen Ware ersetzt, beständig wechseln können muss, wo gesellschaftlicher Warenaustausch herrscht, mithin ihre natürlichen Eigenschaften ganz beliebig verschieden sein dürfen.[22] Um vom Tauschwert, der in vielerlei Gebrauchswert-

---

21   Marx 1970, S. 53.

22   So verschieden übrigens, dass unter Umständen x Pfund Käse sich tauschen lassen gegen einen Vortrag über ontologische Schrullen des Marxschen Arbeitsbegriffs. Voraussetzung ist hier keineswegs, wie beispielsweise Franz Lindemann (Lindemann 1994, S. 89 unter Beru-

gestalt auftritt, zu jenem Gleichen zu gelangen, das diese bunte Vielfalt an Austauschverhältnissen so vielfältig ausdrückt, d. h. zum Wert, muss man daher vom Gebrauchswert abstrahieren. Man muss also alle Aspekte einer Ware weglassen, die sie zum Gegenstand irgendwelcher bestimmten, an unsere sechs Sinne geknüpften menschlichen Bedürfnisse machen. Hier endlich kommt bei Marx die Arbeit ins Spiel:

---

fung auf Neusüß 1992) mutmaßt, dass die Arbeit in einem „fertigen Produkt" geendet ist, wie er dies offensichtlich versteht, nämlich: fertiges Produkt im Gegensatz zu dem, was etwa bei Hausarbeit herauskommt. Der Hausfrau mag es sicher oft genug vorkommen, als würde sie niemals fertig mit ihrer Arbeit: Kaum hat sie z.B. den Kindern die Köpfe gewaschen, schon haben die sich wieder mit Sand beworfen. Dennoch weiß sie in der Regel sehr genau anzugeben, wie und wie lange die Köpfe zu schrubben sind, damit sie als sauber gelten können. Damit diese Tätigkeit als Arbeit sich darstelle und ihr Ergebnis einen Gebrauchswert habe, genügt das Vorhandensein eines Verlangens nach sauberen Kinderköpfen. Da Lindemann die Hausarbeit auch „Reproduktionsarbeit" nennt (ein dafür ziemlich verbreiteter, nichtsdestoweniger in die Irre führender Terminus, denn erstens ist Reproduktion ohne weitere Spezifizierung vor allem die der Gesellschaft im Ganzen, zweitens schließt die Reproduktion der *Ware* Arbeitskraft mehr ein als nur die Wiederherstellung dieser Kraft, nämlich auch die Bewahrung ihrer Eigentumslosigkeit, mithin ihrer Armut), ist es einigermaßen unerfindlich, wieso er annimmt, solche (immerhin:) Produktion liefere kein Produkt. Marx jedenfalls zählt die Bearbeitung von Kinderköpfen (ausdrücklich die mehr vergeistigte durch den Pädagogen – vgl. Marx 1970, S. 532) zu den Tätigkeiten, welche die Form produktiver Arbeit, im Ergebnis daher auch Warenform annehmen können. Um auf besagten gegen Käse zu tauschenden Vortrag zurückzukommen: Voraussetzung des Tauschs auf Seiten des Käseproduzenten ist nur, dass es ihn nach Ontologiekritik gelüstet und er sie sich selbst, aus welchen Gründen auch immer, nicht verfertigen kann oder will. Freilich muss auch der Vortragende etwas mehr bieten als reine geistreiche Gedanken, z.B. muss er das bisweilen recht gegenständliche Handwerk des vortragsmäßigen Sprechens in einem gewissen Grade beherrschen und auch ansonsten für allerhand mehr profan-sachliche Voraussetzungen sorgen, damit seine Gedanken verständlich zu Gehör kommen, andernfalls bliebe sein Geschäftspartner trotz allen Geistes unbefriedigt und würde seinen Käse wohl kaum herausrücken.

„Sieht man nun vom Gebrauchswert der Warenkörper ab, so bleibt ihnen nur noch eine Eigenschaft, die von Arbeitsprodukten."[23]

Arbeit jedoch ist zweckmäßiges, auf einen bestimmten Nutzen gerichtetes Tun. Es ist klar, dass jede Ware, da Gebrauchsgegenstand, nützliches Ding, einen kürzeren oder längeren, mehr oder weniger aufwendigen Prozess der Zurichtung auf die Zwecke, denen sie schließlich dienen soll, durchlaufen muss. Insofern ist also ihre Bestimmung als Produkt menschlicher Arbeit tatsächlich etwas allen Waren Gemeinsames. Die Klassiker der politischen Ökonomie, in deren Kritik Marx seine Werttheorie entwickelte, waren genau bis zu diesem Punkt gelangt und gaben sich damit zufrieden, als dann ihre Epigonen sich anschickten, die Zurückführung des Warenwerts auf Arbeit komplett zu eliminieren. Es wird heute in wertkritisch gewitzten Kreisen gerne über solche „Borniertheit" der klassischen Ökonomie die Nase gerümpft, auch Kurz tut das im vorliegenden Text und wir werden das an entsprechender Stelle noch zu würdigen haben.[24] Seine fundamentale Wertkritik ist später – in gewisser Hinsicht konsequent – bei der Expedierung des „Arbeitsbegriffs" aus dem wertkritischen Diskurs gelandet. Arbeit, Wert und Ware, deren Zusammenhang Kurz hier noch ausdrücklich problematisierte, sind seither nur mehr schlicht identisch. Um aber Marxens Kritik zu verstehen, ist es nötig genauer zu betrachten, worin sich seine Bestimmung des Werts von derjenigen der politischen Ökonomie unterscheidet und was sie von dieser übernimmt. Marx selbst bezeichnet diese Frage als den „Springpunkt ..., um den sich das Verständnis der politischen Ökonomie dreht".[25]

Wirkliche, lebendige Arbeit ist immer auf einen bestimmten Zweck gerichtet, hat einen bestimmten Gegenstand, dessen physikalische, biologische, geometrische oder sonstwie natürliche Beschaffenheit sie in Rechnung stellen, in bestimmter Weise dem vorgegebenen Zweck anpassen muss; sie ist selber in ihrer Wirkung auf den Gegenstand natürlich bestimmt, wirkt gewissermaßen als bestimmte Naturkraft. Die wirkliche Arbeit enthält

---

23   Marx 1970, S. 52.
24   Vgl. unten S. 92f.
25   Marx 1970, S. 56.

also unvermeidlich die Bestimmung des Gebrauchswert, von der wir aber abstrahieren müssen, um die des Werts zu finden. Und wie die mannigfachen Gebrauchswertgestalten der Warenkörper keinerlei Gemeinsamkeit darbieten, aus der sich ein einheitliches Maß ihrer Wertgröße gewinnen ließe, so zunächst auch die verschiedenen Arbeitsprozesse, in denen sie entstanden sind.

In dem Ausdruck „Arbeit" ist nun allerdings bereits die bunte Vielfalt der wirklichen Arbeiten ausgelöscht. Alle verschiedenen konkreten Arbeiten sind ausgedrückt als ein Gleiches: Arbeit ohne nähere Bestimmung – Arbeit sans phrase. In seiner Kritik der klassischen Wertbestimmung durch Arbeit geht Marx über diese nur einen winzigen, aber sehr entscheidenden Schritt hinaus. Er *reflektiert*, was die politische Ökonomie schon *getan* hat, ohne sich über die Bedeutung ihres Tuns völlig im Klaren zu sein. Marx hebt sozusagen ins Bewusstsein, was die politische Ökonomie schon mehr oder weniger klar ausgesprochen, aber nicht in seinen Implikationen und Konsequenzen erfasst und bedacht hat, dass nämlich die Arbeit, die der Vergleichung der Tauschwerte der Waren zugrundeliegt, selber *gleiche* Arbeit und daher ihre wirkliche, konkrete Verschiedenheit losgeworden sein muss. Was also bleibt übrig von den Arbeiten, wenn sämtliche Unterschiede ihrer auf konkrete Zwecke gerichteten vielfältigen Formen außer Betracht gelassen werden? Übrig bleibt nur die einzige Bestimmung, dass sie allesamt Äußerungen eines allen Individuen der menschlichen Gattung gemeinsam eigenen Vermögens sind: ihrer Arbeitskraft.[26]

---

26   Die auf Ware und Wertform gerichtete kritische Absicht geht heutzutage oft seltsame Wege. So kommentiert Franz Lindemann die Stelle im Kapital, an der Marx den Charakter der wertbestimmenden Arbeit näher entwickelt, folgendermaßen: Abstrakte Arbeit erscheine „hier als ganz ungeschichtliches Vermögen der menschlichen Gattung" (Lindemann 1994, S. 83). Das ist offenbar als Rüge gemeint, wobei jedoch diffus bleibt, wogegen genau sie sich richtet. Dass eine Abstraktion wie die der Arbeit keiner bestimmten geschichtlichen Epoche allein angehört, ist ja bloß selbstverständlich, liegt einfach an ihrem Charakter als Abstraktion. Die Besonderheit historischer Formationen ist aber nur durch solche Abstraktionen hindurch zu erfassen, die das übergreifende Moment festhalten, durch das allein jene Besonderes sind: Entwick-

Diese zuletzt zurückbleibende, abstrakte Bestimmung der Arbeit reduziert sie auf eine rein gesellschaftliche Größe, d. h. sie drückt keine Beziehung der Menschen zu den bearbeiteten Gegenständen mehr aus, sondern nur noch die gesellschaftliche Beziehung der arbeitenden Menschen aufeinander als Gleicher, als Personifikationen des gleichen produktiven Vermögens. Als solche bloß gesellschaftliche Qualität kann sie naturgemäß nicht an den Produkten der Arbeit erscheinen. Ihre Vergegenständlichung an der je einzelnen Ware oder Warenart bleibt „gespenstig", wie Marx sagt. Als Gebrauchswerte verkörpern die Arbeitsprodukte konkrete, den gegenständlichen Bedürfnissen der Menschen entstammende und im Arbeitsprozess ihnen sinnlich mehr oder weniger greifbar aufgeprägte Zwecke; als Werte sind sie nur gegenständliche Repräsentanten eines Mehr oder Weniger an Verausgabung des gleichen gesellschaftlichen Arbeitsvermögens. Die Wertgestalt der Ware müsste unterschieden sein von ihrer gewöhnlichen Gestalt als Gebrauchswert, die Ware hat aber nur ihren einen Körper und sprechen kann sie auch nicht, oder genauer: sie spricht ihre eigene Sprache – die Warensprache, deren spezifische Ausdrucksformen Marx daher in der Analyse des Tauschwerts herausarbeitet, zu dem er, nachdem jetzt geklärt ist, *was* sich in ihm ausdrückt, zurückkehrt.

Wir müssen jedoch zunächst zurückkehren zu unserer verflixten Lücke, bzw. zu der für Kurz offen gebliebenen Frage, ob denn nun „der Wert Arbeit als solche ‚ist' .. oder … eine der Arbeit gegenüber verschiedene Qualität darstellt". Da unser Lückenspäher, anders als Marx, die Kategorien Tauschwert, Wert

---

lungsformen oder -stufen eines Zusammenhangs, den wir als unsere Geschichte, die Geschichte unserer Gattung bezeichnen. Wahrhaft ungeschichtlich, weil die Geschichte zerteilend in eine zusammenhanglose Sammlung von Geschichten, wäre dagegen gerade umgekehrt die Leugnung eines geschichtsübergreifenden, d.h. sich geschichtlich entwickelnden Gattungsvermögens. Im übrigen reproduziert Lindemann auf verquere Weise die von Marx kritisierte Gedankenlosigkeit der politischen Ökonomie, wenn er nicht bemerkt (ebenda, S. 88f), dass in der Bestimmung der konkret verschiedenen Arbeiten als menschliche ihre Gleichheit in dieser Hinsicht – und anders ist davon bei Marx nicht die Rede – immer schon ausgesprochen ist.

und Arbeit schon vor sich hat, bevor sie entwickelt sind, stellt sich ihm das Problem des Übergangs von einer zur anderen als ein den Kategorien selber äußerliches. Bei Marx halten die Kategorien nur bestimmte Entwicklungsschritte der Analyse selbst fest und geben ihnen Namen, ihr Zusammenhang mit der jeweils vorhergehenden ist in der Fragestellung, die auf sie führt, bereits formuliert. So bleibt denn auch dort – wir konnten uns soeben davon überzeugen – keineswegs offen, wie Wert und Arbeit zusammenhängen. Seine Analyse führt Marx vom Doppelcharakter der Ware, als nützlichem Ding und Träger von Wert in einem, zum Doppelcharakter der Arbeit, die in ihr vergegenständlicht ist, als konkret-nützlicher Arbeit einerseits, welche den Gebrauchswert hervorbringt, sowie andererseits der abstrakten, allgemein-menschlichen Arbeit, welche die Substanz des Werts bildet. Die Qualität, Seite oder der bestimmte Aspekt der Arbeit, der sich an der einzelnen Ware unsichtbar als ihr Wert niederschlägt, ist von Marx genau bezeichnet und darin auch erklärt, warum er nicht an ihr sichtbar werden kann.

Wert, nach Marx, „ist" geronnene abstrakte Arbeit und also eine gesellschaftliche Beziehung, nämlich die Beziehung aller Arbeiten (soweit Geschick, Intensität und sachliche Voraussetzungen dem gesellschaftlichen Durchschnitt entsprechen) aufeinander als gleiche, nämlich menschliche Arbeiten, deren einheitliches Maß die Zeit ist. Als dieses gesellschaftliche Verhältnis hat der Wert an sich nichts zu schaffen mit der konkreten Gestalt der Produkte der Arbeit und kann in ihr nicht erscheinen. Die Antwort auf Kurzens Frage muss daher lauten: Der Wert hat „eine der Arbeit gegenüber verschiedene Qualität", insofern es sich um die konkrete, bestimmten Gebrauchswert produzierende Arbeit handelt. Soweit es sich um die Abstraktion davon, um abstrakte, gleiche menschliche Arbeit handelt, ist sie die flüssige, prozessierende Substanz des Werts und mit ihm etwa in derselben Weise identisch wie das geschmolzene, in eine Gussform fließende Metall mit dem schließlich darin erstarrten – feiner Unterschied freilich: Flüssige wie feste Form des Metalls stellen konkrete, von der Arbeit in bestimmter Weise umgeformte Natureigenschaften desselben dar, während der Wert ebenso wie seine flüssige Form, die wertproduzierende Arbeit, oder die Arbeit, soweit sie Wert produziert, rein gesellschaftliche und also abstrakte Bestimmungen sind, abstrahiert von der konkreten Tätigkeit wie ihrem Resultat, welche beide immer auch vielfältige gegenständliche Naturbeziehungen einschließen.

Bei aller klug tuenden Mahnung, es müsse „genau analytisch differenziert werden zwischen (konkreter und abstrakter) Arbeit, Wert und Tauschwert", die bloß die weihevolle Ausdrucksweise davon ist, dass man die zu diesen Kategorien führende Analyse sich ganz gespart hat, setzt Kurz demnach ausgerechnet die hier entscheidende Differenz, die solche Analyse liefert, fatalerweise in Klammern und hat so glücklich seine Lücke gefunden. Als lückenhaft hat sich damit an dieser Stelle nicht die Marxsche Werttheorie erwiesen, sondern ihre Rezeption durch Robert Kurz – und das ist noch das freundlichste, was man davon sagen kann.

Da dieser nun also den Unterschied von konkreter und abstrakter Arbeit vorläufig zu ignorieren beschlossen hat, entsteht für ihn eine Schwierigkeit, die so wahrhaftig von Marx „vernachlässigt" worden ist. Kurz muss erklären, wie es von der lebendigen, alle menschlichen Sinne beanspruchenden und bedienenden Arbeit zur übersinnlichen, abstrakten Wertgegenständlichkeit an der einzelnen Ware kommt. Diese Schwierigkeit existierte für Marx deshalb nicht, weil er zuvor bereits festgehalten hat, dass für die Gegenständlichkeit des Werts nur die selber schon vollkommen unsinnliche, abstrakt gleiche menschliche Arbeit in Betracht kommt. Die Schwierigkeit, die er zu lösen hatte, war die Frage, wie die nicht sinnlich, sondern nur gedanklich fassbare, an den Waren, um deren Wert es geht, nicht erscheinende gesellschaftliche Tatsache, dass sie alle Produkt vergleichbarer, weil menschlicher Arbeit sind, sinnlichen, gegenständlichen Ausdruck findet; ein Problem, das, wie wir gleich sehen werden, bei Kurz, unter der Bezeichnung „Wertform-Begriff der zweiten Ebene" firmierend, ausdrücklich als „bloßer Binnen-Begriff" (was bei ihm immer heißt: für eine wie auch immer geartete „Kritik" unergiebig) und „sekundär" eingeordnet wird; von Marx wird es schlicht als „Die Wertform oder der Tauschwert" abgehandelt, birgt aber das ganze Fetischproblem, die Verdinglichung eines gesellschaftlichen Verhältnisses, in sich. Für Kurz hingegen verdichtet sich seine Frage zum Problem der Vergegenständlichung schlechthin. Dass etwas „eigentlich" Flüssiges sich in feste Gestalt verwandeln soll, dass überhaupt Arbeit sich objektiviert, sei es im Gebrauchswert oder im Wert, macht für ihn das Phantastische der Wertgegenständlichkeit aus, worauf später noch näher einzugehen sein wird.

Form und Inhalt des Werts:
Fundamentales „Durcheinander"

Es ist jetzt an der Zeit, zurückzukommen auf jene der „reflektierten bürgerlichen Marx-Kritik" abgelauschte Frage nach der „erscheinenden Qualität" der Ware, die dem Tauschwert zugrunde liegen müsse. Sehen wir uns an, was Kurz mit ihr anfängt. Die Frage verwechselt ja nicht nur offenbar überhaupt den Charakter wissenschaftlicher Aufgabenstellungen mit der dem gestandenen Sozialwissenschaftler von heute eigentümlichen Unfähigkeit, hinter die Erscheinung der Dinge zu blicken. Sie verkennt insbesondere die Eigenart jener von Marx erstmals zu Ende analysierten Qualität, die schließlich im Tauschwert als Proportionen verschiedener Gebrauchswerte erscheint. Die in ihrem Austausch verglichene Qualität der Waren, d.h. ihr Wert, kann nicht als solche erscheinen, weil sie *Abstraktion*, das gerade Gegenteil einer erscheinenden, aus Fleisch und Blut oder sonstigem Naturstoff bestehenden, sinnlich fassbaren Angelegenheit ist: gedanklich aus vielfach in sich bestimmtem Erscheinenden herausgelöste, einfache Bestimmung. Und sie ist nicht nur überhaupt Abstraktion, wie etwa die Schwere der Körper, die den Waren als gesellschaftlich-natürlichen Dingen, Gebrauchsgegenständen zukommt, sondern *gesellschaftliche* Abstraktion: Bestimmung, in welcher die Waren bloße Gesellschaftsdinge sind, Verkörperungen von Verausgabung der gleichen gesellschaftlichen Arbeitskraft. Diese gesellschaftliche Qualität erscheint zwar, aber sie erscheint verkehrt, nämlich als Verhältnis ordinärer Gegenstände. Es wird also in jener Frage der Marx-Kritik (vertreten durch Herrn Steinvorth) nicht nur sehr wohl

„zu Unrecht" die Differenz von Erscheinung und Wesen der Gegenstände wissenschaftlicher Untersuchung überhaupt theoretisch verworfen, als wär's die pure Selbstverständlichkeit. Vor allem wird das spezifische Problem des Fetischismus der Warenproduktion, die Verdinglichung eines gesellschaftlichen Verhältnisses, schon im Ansatz aus dem Marxschen Gedankengang eskamotiert, bevor der beifällig nickende Kurz es auch nur flüchtig in Augenschein nehmen konnte.

Statt nämlich dem tumben Kritiker seine Begriffsstutzigkeit um die Ohren zu hauen, spielt Kurz das blöde Spiel mit: „Die erscheinende Qualität", nach welcher der Herr verlangt, antwortet er, „wäre eben der Wert im Unterschied zum Tauschwert." (62) Und weil ihm offenbar zu Ohren gekommen ist, dass der Wert im Tauschwert selber eine besondere Erscheinungsform besitzt, erfindet er eine Differenz der „erscheinenden Qualitäten", er kreiert sozusagen die Erscheinung vor der Erscheinung oder in seinen Worten: eine Erscheinung „erster" und eine weitere solche „zweiter Potenz". Die Arbeit (konkret oder abstrakt oder beides) erscheine als Wert, aber nicht wirklich, sondern bloß in „erster Potenz", und erst der Wert erscheine wirklich, d.h. in „zweiter Potenz", im Austauschverhältnis zweier Waren; oder vielmehr umgekehrt: wirklich, nämlich wirklich interessant für Kurz, scheint allein die luftige „Erscheinung" in erster Potenz als Wert zu sein, während der Tauschwert, die wirkliche Erscheinungsform des Werts, als Erscheinung „bloß" in zweiter Potenz, kaum seine Beachtung findet. Ob das einseitige Interesse einer größeren Potenz seiner ersten Erscheinung geschuldet ist oder eher ihrer Impotenz, dem mit theoretischer Unbedarftheit spekulierenden Missbrauch Widerstand zu leisten, bleibe zunächst dahingestellt.

Das ganze abstruse Konstrukt erhält den Namen „die zwei Ebenen des Wertform-Begriffs", und man muss wohl am Ende noch froh sein, dass unser fundamentaler Pfiffikus mit zwei „Ebenen" oder „Potenzen" es hat gut sein lassen. Die von ihm sogenannte Wertform – in seiner Diktion lieber noch: der „Wertform-Begriff" – der „ersten Ebene", bei der es sich ja um eine „erscheinende Qualität" handeln soll, hat, wie sich denken lässt, beträchtliche Schwierigkeiten, dieser Seite ihrer Qualität gerecht zu werden. Nicht von ungefähr benutzt Marx die Ausdrücke „Wertform" und „Tauschwert" meist synonym, denn eine ihm eigentümliche Form erhält der Wert erst im Austausch zweier Waren. An der einzelnen Ware hat der Wert keine Form, weshalb Marx dort, wo er ihn an dieser analytisch isoliert hat, von einer bloßen „Gallerte unterschiedsloser menschlicher Arbeit"[27] spricht. Der Ausdruck „Gallerte" soll hier zweifellos die Formlosigkeit des in der Analyse des Tauschwerts der Ware erhaltenen Resultats unterstreichen.[28] Da der Wert gesellschaftliche Bestimmung der Waren ist, kann er nur Gestalt annehmen, wo sie in gesellschaftlichen Verkehr miteinander treten: in ihrem Austausch.

Der Witz der Marxschen Analyse der Ware besteht gerade darin, dass der Tauschwert, die Form, in welcher der Wert der Ware erscheint, als notwendige Form, als die dem Wert der Ware eigentümliche Weise seines Erscheinens, als innerer Zusammenhang von Form und Inhalt aufgewiesen wird – Zusammenhang nicht einfach in dem Sinne, dass ein an sich bereits fertiger Inhalt äußere Gestalt erhält, ohne davon in seiner eigenen Bestimmtheit berührt zu sein, sondern so, dass der Inhalt diese bestimmte Form notwendig braucht, um zu sein, was er ist, d.h. in anderer Form auch anderer Inhalt wäre. Der *Zusammenhang* erst von Wert und Tauschwert macht das historische Spezifikum der Warenproduktion aus, welche die naturwüchsigen Besonderungen menschlicher Lebensproduktion aus ihrer zähen Beharrlichkeit löst, sie umwandelt in bloß vorübergehende, jederzeit widerrufbare besondere Betätigungen desselben allgemeinen Vermögens der Menschen.

---

27   Marx 1970, S. 52.

28   In diesem Zusammenhang ist daran zu erinnern, dass vom „Abspaltungstheorem" die Qualität „formlos, amorph, flüssig, quallig" gerade dem von der Warenform nicht erfassbaren Reich des Weiblichen zugeschrieben wird (vgl. Kurz, 1992, S. 143). Vielleicht erleben wir ja noch eines schönen Tages, wie der neue Superfeminismus die Wertgallerte für den „auratischen Raum von *Sinnlichkeit* schlechthin" (ebenda) reklamiert.

Tatsächlich bietet ja der Inhalt der Wertbestimmung an sich nichts Undurchsichtiges, Geheimnisvolles. Es ist „eine physiologische Wahrheit", wie Marx sagt, dass, „wie verschieden die nützlichen Arbeiten oder produktiven Tätigkeiten sein mögen, … sie Funktionen des menschlichen Organismus sind und dass jede solche Funktion, welches immer ihr Inhalt und ihre Form, wesentlich Verausgabung von menschlichem Hirn, Nerv, Muskel, Sinnesorgan usw. ist."[29] Es ist also eine sehr einfache, allgemeine Wahrheit, dass die miteinander ausgetauschten Produkte nicht nur besondere Produkte von Russen oder Amerikanern, Küstenbewohnern oder Bergvölkern, Sklaven, leibeigenen Bauern oder freien Handwerkern, gut ausgebildeten oder ungelernten Arbeitern usw. sind, sondern außerdem allesamt Produkte von Menschen.[30] Gleichwohl braucht es für das Praktischwerden

---

29   Marx 1970, S. 85. Die Tatsache, dass hier von anatomischphysiologischen, also natürlichen Gegebenheiten des Menschen die Rede ist, verleitet Kurz zu der Annahme, dass darin „überhaupt keine *gesellschaftliche* Allgemeinheit der Arbeit" ausgedrückt sei, „sondern lediglich eine ‚*natürliche*' …" (68). Das wird uns später noch näher beschäftigen (s. u. S. 81ff). Hier nur soviel: Wie alle Unterscheidungen macht auch diejenige zwischen natürlichen und gesellschaftlichen Bestimmungen nur unter bestimmten, zu reflektierenden Bedingungen Sinn. In der Bestimmung der Arbeit als im physiologischen Sinne allgemein menschlicher ist sie genau deshalb rein gesellschaftlich bestimmt, weil sie hier nur in Beziehung auf die arbeitenden Menschen als physiologisch gleiche Glieder ihres gesellschaftlichen Zusammenhangs betrachtet wird, dagegen alle weiteren zu wirklicher, lebendiger Arbeit gehörenden Gesichtspunkte, die aus der Natur ihrer Gegenstände und ihrer gegenständlichen Zwecke entspringen, weggelassen sind.

30   Freilich, so einfach diese Wahrheit an sich ist, so schwer scheint es manchem zu fallen, sie wiederzuerkennen, wenn er ihr in den ökonomischen Kategorien begegnet. Franz Lindemann z. B. ruft Castoriadis zum Zeugen gegen sie an: Die Gleichheit der menschlichen Arbeiten sei erst durch den Kapitalismus „*geschaffen* worden". Marx' Rede von einer historischen Schranke, die den in der Sklavenhaltergesellschaft lebenden Aristoteles gehindert habe, die Gleichheit der menschlichen Arbeiten als das Geheimnis des Wertausdrucks zu entziffern, wird folgendermaßen gerügt: „Was soll es heißen, Aristoteles sei durch ‚die historische Schranke der Gesellschaft worin er lebte' be-

dieser Wahrheit, für ihre selbstverständliche Anwesenheit im gesellschaftlichen Alltag, bestimmte Voraussetzungen, welche die längste Zeit, seit Menschen die Erde bewohnen, weitgehend gefehlt hatten, bzw. erst in ihrer Herausbildung begriffen waren und sogar heute noch nicht überall und durchweg die pure Trivialität sind. Die vereinzelten, selbstgenügsamen, naturwüchsig-gemeinschaftlichen Existenzformen mussten hinreichend diversifiziert und spezifiziert, ihr Verkehr untereinander genügend alltägliche Übung geworden sein, damit das Menschsein eine die zufällige Existenzweise des eigenen Kollektivs überschreitende Bestimmung erhielt nicht mehr nur durch besondere Denkleistung einer Handvoll (durch ausgiebiges Reisen oder andere Ausnahmebedingungen) Gebildeter, sondern aus täglicher Allerweltserfahrung.[31] Dieses praktische Wahrwerden der Menschheit, die Entstehung der wirklichen menschlichen Ge-

---

hindert worden, wenn es nicht doch schon etwas zu sehen *gab*, das der ‚Denkriese' Aristoteles angesichts jener ‚Schranke' nicht sehen *konnte?* Doch was gab es denn in Wahrheit zu sehen? *Nichts.*" (Castoriadis 1983, S. 234, hier zitiert nach Lindemann 1994, S. 89) Woraus also hat der Kapitalismus die menschliche Gleichheit „geschaffen"? Aus dem „Nichts". Eine wahrhaft göttliche Tat! Die Schranke, die Aristoteles hinderte, war jedoch tatsächlich historischer Natur, d.h. sie wurde erst durch die wirkliche historische Entwicklung als solche Schranke kenntlich, weil überwunden, einfach indem mit dem Untergang der Sklaverei in unmittelbarer Form auch die Vorstellung von ihr als einer absoluten, unwandelbaren Bedingung gesellschaftlichen Lebens verschwand, jene sich als vorübergehende, besondere gesellschaftliche Form offenbarte. Welche Schranke aber zwingt Castoriadis (bzw. Lindemann) heute die Verhältnisse der alten Griechen immer noch mit den Augen des Aristoteles zu sehen, also die Ungleichheit der antiken Menschen und damit ihre Verschiedenheit von uns Heutigen absolut zu setzen?

31   „Die sonst so hochgebildeten Griechen haben weder Gott in seiner wahren Allgemeinheit gewusst noch auch den Menschen. Die Götter der Griechen waren nur die besonderen Mächte des Geistes, und der allgemeine Gott, der Gott der Nationen, war für die Athener noch der verborgene Gott. So bestand denn auch für die Griechen zwischen ihnen selbst und den Barbaren eine absolute Kluft, und der Mensch als solcher war noch nicht anerkannt in seinem unendlichen Werte und in seiner unendlichen Berechtigung." (Hegel 1970, S. 312)

meinschaft, vollzog und vollzieht sich immer noch eben in der Form, dass die Arbeitsprodukte Waren werden: Wie der menschliche, über das eigene unmittelbare Dasein hinaus reichende, Gesichtspunkt zu diesem Dasein zunächst äußerlich hinzutritt in Gestalt anderer, andersartiger Menschen, das menschliche an dem eigenen Dasein also zunächst erscheint als das Dasein des Anderen, so stellen sich auch die Objektivierungen dieses Daseins als menschliche dar in einem äußeren Gegensatz. Die an sich einfache und scheinbar selbstverständliche Bestimmung, dass sie nicht nur Produkte bestimmter zweckmäßiger, auf ein mehr oder weniger eingrenzbares Bedürfnis gerichteter Tätigkeit sind, sondern Produkte, die von Menschen für Menschen geschaffen wurden, kann sich zunächst nicht anders zeigen als darin, dass sie anderen Produkten, Produkten von anderen Menschen gleichgesetzt werden. Ihre menschliche Herkunft, ihr Charakter als Verkörperung einer von Menschen für (andere) Menschen aufgebrachten Anstrengung – nichts anderes besagt die Wertbestimmung ihrem qualitativen Inhalt nach – erscheint als von ihrer eigenen konkreten Form unterschiedene Identität mit anderer Ware.

Dies ist das Geheimnis der Wertform, das sich nur erschließt, wenn die darin verborgene bestimmte Beziehung des Inhalts mit seiner Form analysiert wird. Weder sind Form und Inhalt einfach identisch, wie es das abgeschlaffte, wissenschaftstheoretisch standardisierte akademische Durchschnittsdenken gerne hätte, auf das Kurz eingangs rekurrierte; noch ist die Form ohne die Bestimmung ihres spezifischen Inhalts oder gar der Inhalt ohne die bestimmte Form, die er annimmt, begriffen. Robert Kurz, dessenungeachtet, versucht beides:

Zum einen reißt er Form und Inhalt derart auseinander, dass er die Form des Werts, d.h. den Tauschwert, für ein nachgeordnetes Problem erklärt, dessen Untersuchung über den Wertbegriff, also die Frage, was denn der Wert sei, wenig bis gar keinen Aufschluss geben könne.[32] Dem Inhalt dagegen versucht er mit

---

32 Zum Beispiel schreibt Kurz, den Vorteil seines Ansatzes resümierend: „ … gehen wir nicht von der Tauschrelation aus, die immer nur zum quantitativen Aspekt zurückführen kann, sondern vom

geradezu fanatischem Ehrgeiz ganz außerhalb seiner Form, also in seiner blanken Abstraktheit, „an der einzelnen Ware selbst" (64) jenes verrückte, uns warenproduzierende Erdlinge blendende Leben einzuhauchen. Was bei den klassischen Ökonomen nur Desinteresse an der Form war, weil der abstrakte Inhalt der Wertbestimmung der Waren ihre ganze Aufmerksamkeit absorbierte (woraus zu ersehen ist, dass sie eben mit ihm noch nicht fertig waren), das wird bei Robert Kurz zur fixen Idee. Mit der Unterscheidung der in der Ware enthaltenen Arbeit in konkrete und abstrakte hatte Marx jene Bestimmung des Wertinhalts, an der die Ökonomen zwei Jahrhunderte lang sich abgearbeitet hatten, soweit zum Abschluss gebracht, dass der Zusammenhang dieses Inhalts mit seiner Form erstmals in den Blick genommen werden konnte. Genau deshalb nennt Marx sie den „Springpunkt … , um den sich das Verständnis der politischen Ökonomie dreht". Indem Kurz sich wieder ganz in den abstrakten Inhalt verbeißt, fällt er also auf den Stand der vormarxschen Ökonomie zurück, ohne allerdings noch einen Hauch von deren sachlicher Motivation zu besitzen.

Zugleich aber wirft Kurz Form und Inhalt des Werts ununterschieden zusammen; oder richtiger: er rührt sie heillos durcheinander – mit Hilfe einer ausgesprochen albernen Wortspielerei, die aber offenbar trickreich genug ist, dass sie ihn selbst überlistet. Zunächst heißt es, scheinbar ganz harmlos:

Wertbegriff selber … " (66, ähnlich: 90). Als ob zum *Begriff* des Werts nicht dessen Form unabdingbar dazugehörte, die natürlich sehr wohl wesentlich einen qualitativen Aspekt besitzt: „Um herauszufinden, wie der einfache Wertausdruck einer Ware im Wertverhältnis zweier Waren steckt, muss man letzteres zunächst ganz unabhängig von seiner quantitativen Seite betrachten. Man verfährt meist grade umgekehrt und sieht im Wertverhältnis nur die Proportion, worin bestimmte Quanta zweier Warensorten einander gleichgelten. Man übersieht, dass Größen verschiedener Dinge erst quantitativ vergleichbar werden nach Reduktion auf dieselbe Einheit. Nur als Ausdrücke derselben Einheit sind sie gleichnamige, daher komensurable Größen." (Marx 1970, S. 64) Marx hat freilich an dieser Stelle schon hinreichend geklärt, mit welcher Einheit man hier zu tun hat (was Kurz partout in unergründliches Dunkel stoßen möchte).

„ … gegenüber dem Inhalt der lebendigen Arbeit ist Wert eine Form, gegenüber der erscheinenden Form des Tauschwerts oder der Tauschrelation zweier Waren ist Wert selber der Inhalt." (63)

Sieht man einmal von dem Blödsinn ab, dass hier der „lebendigen" Arbeit, die bereits hinlänglich gegenständliche Form annimmt in der konkreten Gestalt ihres Produkts, ohne weiteres eine zweite, obendrein völlig abstrakte sogenannte „Form" verpasst wird, so lässt sich immerhin festhalten, dass in der Kurzschen „Wertform auf der primären Bedeutungsebene" keineswegs der Wert selbst Form gewinnt. Trotzdem spricht Kurz dauernd von ihr als „Form des Werts" und lässt den Wert darin („in erster Potenz") sogar „erscheinen". Der Wert wäre demnach an sich selber Form, wenn auch nicht von sich selbst als Inhalt, diese wiederum, also die wirkliche Wertform oder der Tauschwert, wäre nur noch äußerliches Beiwerk – oder wie Kurz so unnachahmlich formuliert: „‚Form einer Form' in zweiter Potenz". (63) Jedenfalls ist der Wert, obwohl nach Form und Inhalt auf zwei verschiedenen Planeten zu Hause, glücklich beides in einem geworden – wer will da schon noch genau wissen, welche Form für welchen Inhalt bzw. welcher Inhalt in welcher Form? Kurz kann so nur verfahren, weil ihn am Wert der Unterschied von Inhalt und Form gar nicht interessiert, respektive er nicht den Schimmer einer Ahnung davon hat, was damit anzufangen wäre.

Was gewinnen wir also durch die Kurzsche Verdoppelung des „Wertform-Begriffs"? Das eine Mal fasst Kurz darunter den Wert als Form eines anderen Inhalts, das zweite Mal den Wert als Inhalt einer anderen Form. In jedem der Begriffszwillinge kommt das Wort „Wert" vor, jedoch in ganz unterschiedlicher Funktion, beide haben einen Inhalt und eine Form, aber in genau entgegengesetzter Bestimmung. Sie haben also eigentlich nichts gemeinsam, außer dass man sich über beide am besten möglichst wenig den Kopf zerbricht, weil ihre „Bedeutung" darunter allzu sehr leiden könnte. Die Marxschen Bestimmungen des Werts nach Inhalt und Form stehen unversehens auf dem Kopf – bei Marx ist der Wert zunächst von seiner Form, dem Tauschwert, in bestimmter Weise unterschiedener Inhalt; bei Kurz ist der Wert in „sekundärer" Hinsicht zwar auch Inhalt, aber gleichgültig gegen seine Form, in erster Linie jedoch ist er Form der von ihm unterschiedenen „lebendigen Arbeit". Ansonsten bringt der doppelbödige Wertform-Begriff so viel größere Klarheit in die Analyse der Ware, wie sie etwa ein „zweifacher Wellenbegriff" in die physikalische Theorie des Lichts brächte, mit dem die Teilchen- von den Welleneigenschaften des Lichts „analytisch genau differenziert" werden sollten. Man muss jedenfalls schon sehr demoralisiert sein durch die gedankliche Flachatmigkeit und phantasielose sprachliche Einöde heutiger sozialwissenschaftlicher Diskurse, um es für eine erhellende Neuerung halten zu können, dass zwei Sachverhalte oder Gesichtspunkte eines Problems zum Zwecke ihrer besseren Unterscheidbarkeit mit demselben Ausdruck belegt werden und sodann immer extra angezeigt werden muss, auf welcher sogenannten „Ebene" man gerade turnt, damit alle wissen (oder wenigsten glauben dürfen zu wissen), wovon überhaupt die Rede ist.

Die Probe auf den Gebrauchswert solcher Neuerung liefert Kurz dann prompt an Hand diverser Neu-Interpretionen Marxscher Textstellen mit Hilfe seines „Zwei-Ebenen"-Konstrukts. Weil Kurz die völlig klare Unterscheidung zwischen Wert (als Inhalt) und Wertform nicht verstanden hat, um deren sich entwickelnde Beziehung sich die ganze Marxsche Analyse dreht, weil andererseits Marx „die beiden Bedeutungsebenen des Wertform-Begriffs" des Robert Kurz nicht kannte und sie infolgedessen bei ihm „beständig durcheinander" (64) gehen,[33] glaubt nun ihr Entdecker, uns auf Schritt und Tritt darauf hinweisen zu müssen, von welcher „Ebene" jeweils herunter Marx sich zum Thema äußert. Seltsamerweise kommt er nicht auf den Gedanken, dass wegen des verheerenden Durcheinanders in der Marxschen Argumentation diese nicht einfach neu interpretiert werden kann,

---

33   Gleich darauf spricht Kurz gar von „der doppeldeutigen" (im Gegensatz wohl zu seiner eindeutig doppelten Wertform) „Marxschen Formulierung", natürlich ohne diese, d.h. überhaupt eine, zu nennen. Da kann man ihn nur an seine eigenen Worte erinnern: „Umgekehrt wird ein Schuh draus!"

sondern eigentlich ganz neu zu entwickeln wäre. Vielmehr scheint ihm das angebliche Durcheinander gerade recht zu sein – als Gelegenheit, selber bedenkenlos herumzustümpern in der „Bedeutung" des einen oder anderen „berühmten Marx-Zitats". Das folgende beispielsweise, aus dem Abschnitt über den Warenfetisch stammend, wurde – wie zu befürchten war, ohne Kenntnis der Kurzschen Fahrstuhl-Semantik – bislang völlig falsch verstanden:

> „Die politische Ökonomie hat nun zwar, wenn auch unvollkommen, Wert und Wertgröße analysiert und den in diesen Formen versteckten Inhalt entdeckt. Sie hat niemals auch nur die Frage gestellt warum dieser Inhalt jene Form annimmt, warum sich also die Arbeit im Wert und das Maß der Arbeit durch ihre Zeitdauer in der Wertgröße des Arbeitsprodukts darstellt?"[34]

Gegen Hans Georg Backhaus gerichtet, dessen „anspruchsvoller Versuch" natürlich auch „letztlich gescheitert ist" an der „Problematik", dass er die zwei Ebenen der Wertform übersah (wir müssen uns das gleich noch näher ansehen), erläutert uns Kurz diese Stelle folgendermaßen:

> „Hier redet Marx aber eben gerade nicht vom Verhältnis des Werts zum erscheinenden Tauschwert, sondern vom Verhältnis der Arbeit zum Wert, also von der Wertform auf der primären Bedeutungsebene." (65)

Da wird es vermutlich gar nichts nützen, wenn man auf die Fußnote hinweist, die Marx der zitierten Stelle angefügt hat und in der er von „der Form des Werts" spricht, „die ihn eben zum Tauschwert macht". Denn Robert Kurz hat ja das Gefüge der Marxschen Werttheorie vorsorglich dermaßen konfundiert, dass selbst ihr Schöpfer sich darin nicht mehr auskennen würde und vielmehr angewiesen wäre auf die fundamentalen Interpretationskünste ihres spätgeborenen Ausdeuters. Kurz würde uns also vermutlich erklären, dass Marx selbst in seinem Durcheinander der Bedeutungsebenen desweilen die Orientierung verlor und wir gefälligst im Zweifel uns an die nun einmal viel „differenziertere" Interpretation halten sollen mit Hilfe der Wertformzwillinge aus seiner theoretischen Alchemistenküche. Wir schweigen da-

---

34   Marx 1970, S. 94f.

rum lieber erst einmal stille, notieren uns nur, dass wir es hier im Zweifel nicht mit der Marxschen, sondern mit der Kurzschen Werttheorie zu tun haben, und schauen uns an, wohin Kurz mit der seinen gelangt.

Kurz contra Backhaus – Methodisches

Diese erste Lektion über die Differenz von Original und Interpretation erhalten wir, wie gesagt, gelegentlich der Befassung mit dem „gescheiterten“ Backhaus. An dem nun exekutiert Robert Kurz noch einige weitere Lehrstücke, die seine Präzisierung der Marxschen Werttheorie, wie er sie versteht, erhellen können. Der große Respekt, den Kurz trotz allen „Scheiterns“ dem guten Backhaus zollt, rührt daher, dass er mit ihm, wie den guten Willen, so auch die Schwierigkeiten schon an den Anfangsgründen der Marxschen Warenanalyse teilt. Mit Genugtuung stellt er fest, dass auch Backhaus „bezüglich des Wertform-Kapitels des ‚Kapital‘ kritisch von einer ‚mangelhafte[n] Vermittlung von Substanz und Form des Werts‘“ (64) spreche. Zwar versteht Backhaus noch sehr gut, was Kurz später nicht mehr versteht: dass die Form des Werts eben der Tauschwert ist; doch auch er versenkt die Wertbestimmung der Ware durch abstrakte Arbeit in ein geheimnisvolles Dunkel, das für ihn allerdings nicht durch etwaige Lücken der Analyse selbst entsteht, sondern aus einer möglicherweise allzu „populären“ Darstellung. Backhaus fragt:

> „Ist Marx in der Popularisierung der beiden ersten Abschnitte des Kapitels *Die Ware* so weit gegangen, dass die ›Deduktion‹ des Werts sich überhaupt nicht mehr als dialektische Bewegung begreifen lässt?“[35]

Und er verrät auch, wie er, nicht zufrieden mit schlichtem Begreifen, die ihm angemessene spezielle Version davon sich vorstellt:

> „ … die Entwicklung Tauschwert–Wert–Wertform … als dialektische ‚Bewegung vom unmittelbaren ›Sein‹ durch das ›Wesen‹ zur vermittelten ›Existenz‹ […]‘ … dergestalt, dass ‚die

---

35   Backhaus 1969, S. 130.

Unmittelbarkeit aufgehoben und als vermittelte Existenz wieder gesetzt wird'"[36]

Im Klartext: Backhaus hätte gerne die Marxsche Warenanalyse übersetzt in die mystifizierende Ausdrucksweise der Hegelschen Philosophie, damit sie auch Leuten aus der philosophischen Zunft, zu der er offenbar gehört, begreiflich werde. Ein Gedanke muss sich als *philosophischer* Gedanke ausweisen, bevor er Zutritt zum Denken des Geistesarbeiters erhält, d.h. von ihm gedacht werden kann. Wir sehen auch hier, wie Schwierigkeiten mit der Marxschen Theorie, die sich ohne weiteres nachweisen lassen als begründet in der spezifischen Denkweise des Rezipienten, für diesen, in seiner Besonderung befangen, sich verkehren in eine Unzulänglichkeit des rezipierten Gegenstands. Kurz findet in Backhaus einen Leidensgenossen, daher seine Achtungsbezeugungen bei aller weiteren Missbilligung. Die fängt sich Backhaus im wesentlichen dafür ein, dass er sich in seiner Marx-Interpretation weniger künstlerische Freiheiten erlaubt, also um einiges seriöser mit dem Gegenstand umgeht. So referiert Backhaus den Gang der Marxschen Analyse in der folgenden kritisch intendierten Passage (sie schließt sich unmittelbar an die zuerst zitierte an) durchaus korrekt:

„Im ersten Abschnitt geht Marx bekanntlich in der Weise vor, dass er von dem ›empirischen‹ Faktum Tauschwert ausgeht und diesen als ‚Erscheinungsform eines von ihm unterscheidbaren Gehaltes' bestimmt. Dasjenige, was dem Tauschwert ›zugrunde‹ liegen soll, wird *Wert* genannt. Im Fortgang der Analyse ist dieser zunächst jedoch unabhängig von seiner Form zu betrachten. Die von der Erscheinungsform unabhängige Analyse des Wesens führt nun dazu, dass Marx gänzlich unvermittelt, ohne Aufweis einer inneren Notwendigkeit, zur Analyse der Erscheinungsform zurückkehrt: ‚Wir gingen in der Tat vom Tauschwert der Waren aus, um ihrem darin versteckten Wert auf die Spur zu kommen. Wir müssen jetzt zu dieser Erscheinungsform des Werts zurückkehren'."[37]

---

36 ebenda S. 131. Backhaus zitiert aus Marcuse 1936.
37 ebenda S. 130.

Eingedenk der Kurzschen Manier, Marx ausgehend vom Wert vorwärts und rückwärts marschieren zu lassen, wird man Backhaus zugeben müssen, dass seine Darstellung immerhin den Ausgangspunkt und im Großen und Ganzen auch den Weg der Marxschen Untersuchung der Ware richtig wiedergibt. Der Tauschwert ist zunächst an dem Konkretum, mit dem Marx beginnt, empirisch vorgefundene Tatsache. Seine nähere Betrachtung führt zu der Überlegung, dass er „nur die Ausdrucksweise, die ‚Erscheinungsform' eines von ihm unterscheidbaren Gehalts sein" kann, dass folglich diese Form, genauer: das, was an ihr zufällig und unwesentlich erscheint, abgeschieden werden muss, damit ihr Gehalt sichtbar werde. Das ist ein Prozess der Abstraktion. Und erst die zu Ende geführte Abstraktion ergibt die Bestimmung des Werts der Waren als objektivierte abstrakte Arbeit. Zu Ende geführt aber, nämlich bis hin zu der rein gesellschaftlichen Bestimmung der abstrakten Arbeit, wurde die Abstraktion zuerst von Marx. Ans Ende gelangt, kehrt er, „gänzlich unvermittelt, ohne Aufweis einer inneren Notwendigkeit", wie Backhaus findet, zurück zur Erscheinungsform. Backhaus selbst freilich dementiert in der Formulierung seiner Kritik schon ihren Inhalt, denn er sagt ganz richtig, dass die Analyse des Wesens des Tauschwerts zur Rückkehr *führe*. Die Notwendigkeit, in der Untersuchung umzukehren, ist natürlich bereits darin enthalten, dass der Weg der Abstraktion zu Ende, in dieser Richtung alles getan ist. Marx weist sie aber an der gefundenen Bestimmung selbst ganz ausdrücklich auf, und zwar unmittelbar vor dem Satz, den Backhaus zitiert:

„Die Wertgegenständlichkeit der Waren unterscheidet sich dadurch von der Wittib Hurtig, dass man nicht weiß, wo sie zu haben ist. Im graden Gegenteil zur sinnlich groben Gegenständlichkeit der Warenkörper geht kein Atom Naturstoff in ihre Wertgegenständlichkeit ein. Man mag daher die Ware drehen und wenden, wie man will, sie bleibt unfassbar als Wertding. Erinnern wir uns aber, dass die Waren nur Wertgegenständlichkeit besitzen, sofern sie Ausdrücke derselben gesellschaftlichen Einheit, menschlicher Arbeit, sind, dass ihre Wertgegenständlichkeit also rein gesellschaftlich ist, so versteht sich von selbst, dass sie nur im gesellschaftlichen Verhältnis von Ware zu Ware erscheinen kann. ...“[38]

Man muss offenbar sich das „Wesen“ nur hinreichend genau anschauen, damit der Zusammenhang seiner Analyse mit der weiteren Untersuchung der Form, in der es sichtbar wird, sich erschließt. Backhaus geht hier über diesen „Springpunkt“ der Kritik der politischen Ökonomie ähnlich ignorant hinweg, wie später sein Kritiker Kurz.[39] Und wie dieser verdreht er die daraus entstehende Inkonsistenz der eigenen Überlegungen in einen Mangel der Marxschen Darstellung. Immerhin aber ist der Zusammenhang bei Backhaus noch als Gedanke gegenwärtig, wenn auch bloß noch als abstraktes Postulat, wogegen Kurz ihn seinem Zwei-Ebenen-Konstrukt zu Ehren, in aller der Ignoranz eigenen Unschuld, unbarmherzig schlachtet.

Enttäuscht über Backhaus, der doch zu den schönsten Hoffnungen Anlass gab mit seiner Nörgelei über die angebliche Unvermitteltheit des Übergangs von der Substanz zur Form des Werts in der Marxschen Darstellung, gerät Kurz nun sozusagen vollends außer Rand und Band und lässt von der Logik der Sache wie ihrer Marxschen Darstellung keinen Stein mehr auf dem anderen. Wo Backhaus den Übergang vom Wert zu seiner Erscheinungsform völlig richtig als Aufstieg vom Abstrakten zum Konkreten charakterisiert, da wettert Kurz:

> „Diese Aussage ist einigermaßen erstaunlich, man muss sie als fehlerhaft bezeichnen. Denn die gesellschaftliche Abstraktion des Werts wird durch ihre ‚Erscheinungsform‘, den Tauschwert, nicht etwa ‚zum Konkreten‘, sondern wird vielmehr *als Abstraktum* ‚dinglich dargestellt‘. ... Methodisch handelt es sich

---

38   Marx 1970, S. 62.

39   Wie wenig er jenen Springpunkt begriffen hat, unterstreicht Backhaus, wenn er schreibt: „Nachdem nun die Arbeit als das Geheimnis des Werts entdeckt ist, muss nun erstere selbst theoretisch kritisiert und praktisch umgewälzt werden.“ (Backhaus 1969, 141) Mutet schon die Absicht etwas absonderlich an, eine Abstraktion, als welche allein die Arbeit den Wert bestimmt, theoretisch zu kritisieren (sie ist immerhin *Ergebnis* theoretischer Kritik), so erst recht das Vorhaben, sie auch noch praktisch umzuwälzen.

also gerade umgekehrt bei der Problematik des Aufsteigens vom Abstrakten zum Konkreten um das Aufsteigen vom Wert zur lebendigen Arbeit in ihrer realen Prozesshaftigkeit und ihrer arbeitsteiligen Systematik. Erst daraus kann das sekundäre Verhältnis von Wert und Tauschwert in seiner Rückkoppelung auf das System der lebendigen Arbeiten abgeleitet werden." (65f)

„Methodisch" handelt es sich in dieser noch erstaunlicheren Kurzschen Offenbarung um die wirklich bedrückende „Problematik" des anscheinend unaufhaltsamen Abstiegs in die Konfusion. Das Konkrete ist zuerst und vor allem heilig, unbefleckt von der bösen Abstraktion. Diese erscheint im Irgendwo, keinesfalls im Konkreten; sie erscheint unmittelbar als sie selbst, zwar dinglich, aber „dinglich" in den Kurzschen Anführungszeichen, mit denen der Sprecher vorsichtshalber jegliche Verantwortung für das Gesagte von sich weist, sie erscheint in keinem wirklichen, konkreten Ding oder Verhältnis von Dingen. Das „Ding", worin sie erscheint, ist selber abstrakt: ein Gespenst.[40] Wenn aber die Abstraktion als Abstraktum *erscheint*, gibt diese Erscheinung keinerlei Rätsel auf – außer dass es, um sie zum Sprechen zu bringen, offenbar eines besonderen Mediums bedarf, das die Verbindung zu dem Ort herstellt, an dem solche „Erscheinungen" gewöhnlich hausen.

Das von der Abstraktion unberührte „Konkrete" andererseits, die lebendige Arbeit „in ihrer realen Prozesshaftigkeit und ihrer arbeitsteiligen Systematik", ist Abstraktion der konfusesten Sorte. Unter dem Gesichtspunkt ihrer Teilung ist die Arbeit betrachtet als stoffliche, verschiedene einander ergänzende Gebrauchswerte erzeugende Tätigkeit. Diese Teilung mag eine „Systematik" haben, die aber sehr verschieden systematisch ist, je nach den gesellschaftlichen Verhältnissen, unter denen die Arbeit sich teilt, d.h. nach der Art und Weise, *wie* sie sich teilt. Die Systematik beispielsweise der Arbeitsteilung einer warenproduzierenden Gesellschaft „wirkt nur a posteriori als innere, stumme, im Barometerwechsel der Marktpreise wahrnehmbare, die regellose Willkür der Warenproduzenten

---

40 Am Ende werden wir freilich erleben, wie das Geld dazu herhalten muss, dem Spuk Gestalt zu geben.

überwältigende Naturnotwendigkeit.‘‘[41] Denn in die wirkliche konkrete Arbeitsteilung gehen hier der Warenaustausch und damit Wert und Tauschwert von vornherein als Bestimmungen mit ein (von Geld, Kapital, Lohnarbeit, Staat usw. usf. ganz zu schweigen), ohne diese ist sie bloß „eine chaotische Vorstellung des Ganzen.‘‘[42] Der den Austausch der Waren und darüber die Verteilung der zahllosen, verschieden nützlichen Arbeiten wie eine Naturgewalt regelnde Wert geht eben nicht hervor aus der schon fertigen, systematisch ausdifferenzierten, konkreten gesellschaftlichen Arbeit – er wäre dann überflüssig, weil es nichts mehr zu regeln gäbe –, sondern stellt vielmehr das abstrakte Prinzip dar, nach welchem der Austauschprozess der gesellschaftlich regellosen Praxis der Arbeitsteilung die Leviten liest, indem er die ungesellschaftlichen Privatarbeiten gewaltsam auf ihr objektives gesellschaftliches Maß stutzt.

Wert und Arbeit –
oder der Kurze Dualismus von Raum und Zeit

Nach dieser weiteren Lektion über die vor allem methodischen Abgründe zwischen Marxens Analyse der Ware und dem vorliegenden Versuch einer „Kritik des Werts selber“ wird uns nun endgültig „das eigentliche Problem“ enthüllt, über das der werttheoretische Neuerer bei der „qualitative[n] Bestimmung des Werts“ gestolpert ist: „nämlich das der ‚Vergegenständlichung‘ von Arbeit.“ (66) Es ist bis hierher, das sei noch einmal ausdrücklich festgehalten, noch keine „analytische Differenzierung“ der Arbeit selbst passiert, die in den Waren (problematisch oder nicht) vergegenständlicht ist. Das „Problem“ der Vergegenständlichung betrifft demnach zunächst grundsätzlich alle Aspekte der Arbeit. Worin liegt nun das Problem?

„Die wirkliche, lebendige gesellschaftliche Arbeit ist erstens Prozess, Ablauf von Tätigkeiten, und zweitens dieser prozess-

---

41 Marx 1970, S. 377.
42 Marx 1983, S. 35.

hafte Ablauf innerhalb eines Systems von (Arbeitsteilungs-) Verhältnissen. Der Wert aber ist tote, nicht prozesshafte Gegenständlichkeit, und zwar nicht erst in der Tauschrelation, sondern schon auf der ersten Ebene der Wertbestimmung an der einzelnen Ware selber." (66)

Nun ja, wo Robert Kurz recht hat, da hat er recht. Sieht man einmal davon ab, dass die „wirkliche, lebendige" Arbeit, wenn sie Waren produziert, gerade nicht so ohne weiteres „gesellschaftliche" Arbeit ist und das „System von Verhältnissen" daher den Wertcharakter der Arbeitsprodukte, die spezifische Weise, wie Arbeit gesellschaftlich *wird*, den besonderen Ausdruck der gesellschaftlichen Arbeit immer schon einbegreift – sieht man davon ab, so ist es keine Frage: Arbeit ist Prozess, Bewegung, Veränderung in der Zeit. In ihrem Resultat (ob als Wert betrachtet oder als bestimmter nützlicher Gegenstand) ist die Veränderung abgeschlossen, der Prozess vergangen, die Bewegung zum Stillstand gekommen, tot; es ist in der Zeit (in gewissen Grenzen) sich nicht mehr Veränderndes, sich selbst Gleichbleibendes. Aber wo ist da ein „Problem"?

Ein Problem haben zunächst wir mit der Kurzschen Argumentation, denn auch sie kommt an dieser Stelle zwar nicht endgültig zum Stillstand, aber doch deutlich ins Stocken, sie verstummt gewissermaßen für einen Moment und kann nur noch an unser stilles Einvernehmen, unseren gesunden Menschenverstand appellieren. Kurz zitiert Marx, der sagt:

„Als Werte sind alle Waren nur bestimmte Maße festgeronnener Arbeitszeit"[43],

und erklärt dazu:

„Diese Bestimmung des Werts ist nun in der Tat als paradoxer Ausdruck geleistet";

und als zweifle er an unseren Lesekünsten, buchstabiert er noch einmal: „der Wert soll geronnene Arbeitszeit sein!" – Na und, fragen wir bockig, was ist daran „paradox"? Der Meister, schier verzweifelnd, rettet sich ins Lateinische:

---

43   Marx 1970, S. 54 sowie Marx 1990, S. 18.

„Denn der Ausdruck ‚geronnene Zeit' stellt eine veritable contradictio in adjecto dar." (66)

Ende der Diskussion.

Wir sind somit unversehens bei der hochgradig philosophischen Frage des Zusammenhangs von Zeit und Raum an sich gelandet, in der Kurz nun allerdings überhaupt kein Problem mehr zu sehen vermag: Es gibt da für ihn keinen inneren, Zeit und Raum jeweils an sich berührenden Zusammenhang; Zeit ist Zeit, und Raum ist Raum – basta.

Jedoch wird, was nur mit relativ großem Denkaufwand aus seiner starren Gegensätzlichkeit gelöst werden kann, ist es erst einmal auf solche philosophischen Höhen geschraubt (wie hätte man sich so etwas vorzustellen: die Objektivierung der Zeit im Raum?)[44], sofort elastisch und biegsam, sobald man es wieder in den konkreten Zusammenhang stellt, aus dem es genommen war. Ein Arbeitsprozess, der nie zum Ende käme, für immer und ewig prozessierte, wäre weder Arbeit noch überhaupt Prozess, sondern gedankenlose, leere Abstraktion. Dass ich vom Arbeitsprozess als einem bestimmten Ganzen, als „Prozess" sprechen kann, schließt ein, dass er endlich ist, also ausgeht vom Nichtprozesshaften und übergeht in ebensolches; der Zustand, den er aus einem anderen erzeugt, macht ihn erst zum Prozess. Das Nichtprozesshafte ist also Bestimmung des Prozesses selbst, wie umgekehrt der Zustand, da er nicht aus dem Nichts in die Welt hereingeschneit kommt, sondern entsteht und vergeht, selbst auch bestimmt ist als prozesshaft – eben entstanden, bzw. wieder aufgehoben. Weiter. Da es sich um Arbeit handelt, und zwar

---

44   Die philosophische sowie philosophiegeschichtliche Seite der von Kurz in der Exhibition seines „Problems" offenbarten Denksperre wird genauer gewürdigt in den „Antiantiarbeitsthesen" von C. aus Frankfurt (C., Ffm 1991, S. 40ff). Die gesamte Naturwissenschaft übrigens und namentlich die naturgeschichtliche Forschung, der die subjektive Zeiterfahrung meist schon deshalb nicht zur Verfügung steht, weil sie sich mit Ereignissen befasst, bei denen kein Mensch jemals Zeuge war, ist für die zeitliche Bestimmung irgendwelcher Vorgänge ganz und gar angewiesen auf die verschiedensten räumlichen Objektivierungen von Zeit, so etwa die Jahresringe alter Bäume, die in der Erdkruste als charakteristische Schichtungen ablesbaren Erdzeitalter etc.

um „wirkliche, lebendige" Arbeit, ist der Prozess unvermeidlich zweckgerichteter gegenständlicher Prozess, gegenständliche Verwirklichung eines Zweckes. Gegenständliches wird zweckmäßig verändert und zwingt dabei der verändernden Tätigkeit, die ihm die Gesetze des bestimmten Zweckes aufprägt, seine eigenen Gesetze auf. Der tätige Zweck vergeht also nicht nur schließlich im umgeformten Gegenstand als objektivierter Zweck oder zweckmäßiger Gegenstand, sondern schon in seinem Tätigsein ist er von Anfang an, bei Strafe der Zweckverfehlung, dem Gegenstand unterworfen. Kurz und gut: die Vergegenständlichung ist nicht nur keine paradoxe Bestimmung der Arbeit, sie ist im Gegenteil unverzichtbare, notwendige Bestimmung an ihr.

Nun hat zwar Kurz sein „Problem" der Vergegenständlichung ausdrücklich auf die „wirkliche, lebendige" Arbeit bezogen, die er obendrein als arbeitsteiliges „System" und damit als konkret nützliche fasst, aber es geht ihm eigentlich ja um die im *Wert* vergegenständlichte Arbeit. Als solche ist die Arbeit, wie wir gesehen haben, nicht die konkrete Arbeit, die das konkrete in den Austausch eintretende Produkt hergestellt hat,[45] sondern nur noch eine bestimmte, nach ihrer Dauer quantifizierte Menge der Zeit, die von einer gesellschaftlichen Durchschnittsarbeitskraft unter normalen Produktionsbedingungen für die Herstellung dieser oder jener Warenart aufgewendet werden muss. Die Ware selbst ist als Träger von Wert nicht mehr einzelnes, konkretes Ding, sondern „Durchschnittsexemplar ihrer Art"[46]. Arbeit und Gegenstand sind hier rein gesellschaftlich bestimmt.

Das „eigentliche Problem", das Kurz zwangsläufig entgehen muss, weil er statt konkreter Analyse äußerliches Beziehen fertiger analytischer Kategorien treibt, ist also weder das Gerinnen von Zeit überhaupt noch das Gegenständlichwerden menschlicher Subjektivität in ihrer Betätigung. Auch darin, dass die Produkte der Arbeit eine gesellschaftliche Bestimmung erhalten, sich in ihnen ein gesellschaftliches Verhältnis objekti-

---

45 Auch nicht deren Dauer, wie Franz Lindemann irrtümlich vermutet (vgl. Lindemann 1994, S. 83).

46 Marx 1970, S. 54.

viert, steckt an sich kein Problem. Wenn das feudale Verhältnis von Herr und Knecht die Gestalt von Naturalien annimmt, die der Knecht dem Herrn liefert, so bleibt deren gesellschaftliche Bestimmung völlig durchsichtig. „Der dem Pfaffen zu leistende Zehnten ist klarer als der Segen des Pfaffen."[47] Gegenständlicher Ausdruck des gesellschaftlichen Verhältnisses ist die Sache hier nur unmittelbar in diesem Verhältnis selbst, d.h. in ihren Beziehungen zu Herr und Knecht. Was dagegen die Wertgegenständlichkeit so rätselhaft macht, ist allein ihre sachliche Form, ihr Erscheinen als Verhältnis der Produkte, das aus deren sachlichen Eigenschaften entspringt. Als Wert ist die Ware nur eine bestimmte Menge vergegenständlichter gesellschaftlicher Arbeit, sie drückt aber dieses ihr Wertsein nicht nur an sich als einzelnem Ding nicht aus, sondern auch nicht in ihrem konkreten Dasein als Arbeitsprodukt und nützlicher Gegenstand, weil sie unmittelbar Produkt ungesellschaftlicher, privater Arbeit ist. Die Beziehung in der die Ware Wert ist, d.h. ihre Beziehung zur gesellschaftlichen Arbeit ist vermittelte Beziehung, weil die gesellschaftliche Arbeit selbst nicht unmittelbar existiert, sondern nur vermittelt über den Austausch der Produkte der privaten Arbeiten. Ihr Wertsein drückt die Ware daher unmittelbar aus in ihrer Beziehung zu anderer Ware.

Diesen Ausdruck des Werts aber, seine Form, hatte Kurz soeben (als „Form in zweiter Potenz") für die Betrachtungen des Wertbegriffs ins zweite Glied verwiesen und quält sich nun mit der Wertgegenständlichkeit „an der einzelnen Ware" ab. Aus der Analyse der Erscheinungsform ergibt sich zunächst als ihr wesentlicher Inhalt die Unterscheidung zwischen einerseits je konkret nützlicher und andererseits abstrakt gleicher menschlicher Arbeit. Diese hier ignorierend, kann Kurz folglich die der Wertgegenständlichkeit zugrundeliegende Arbeit nicht bestimmen, d.h. sie wird gedankenlos falsch, konfus bestimmt als gesellschaftliche und konkret nützliche in einem. Das „Gespenstige" der Wertgegenständlichkeit, von dem Marx spricht und das sich ihm ausdrücklich aus dem spezifischen Charakter der im Wert vergegenständlichten Arbeit ergibt, bezieht Kurz daher

---

47   Marx 1970, S. 91.

ebenfalls falsch, nämlich auf das Vergegenständlichen von Arbeit, ja schließlich von Zeit überhaupt. Und am Ende kann er sich nur noch wundern, warum das „Paradoxe" daran weder von Marx noch sonst von irgendeinem Menschen vor ihm bemerkt wurde. Nach seiner dogmatischen Verdammnis des Marxschen Ausdrucks der „festgeronnenen Arbeitszeit" als ungereimten Teufelszeugs fährt er fort:

> „Seltsamerweise macht Marx aber selber nicht ausdrücklich auf diesen Charakter seiner Aussage aufmerksam, und ebenso verblüffend ist es, dass eine solche an sich absurde Bestimmung weder den Marxisten noch ihren Gegnern bis heute ein Problem gemacht hat." (66)

Kurz ist also verblüfft, und das wäre „an sich" Gelegenheit, innezuhalten und sein Urteil zu überdenken. Jedoch ist, wer sich erleuchtet fühlt, selten durch menschliche Fragen und Zweifel aus der Bahn zu werfen. Auch Kurz sieht keinen Anlass, wenigstens der Frage nachzugehen, warum er denn mit seiner Erregung über das angebliche Paradoxon so alleine steht, sondern ist nur um so mehr überzeugt, „dass gerade hier ‚der Hund begraben liegt'". Also frisch ans Werk! und „genau an dieser Stelle" den „Hebel angesetzt … um die bisher nicht gelungene theoretische und praktische Kritik des Werts selber in Gang zu bringen." (67)

Metaphorisches:
Gegenständlichkeit der Arbeit

Um den Hund auszugraben, sei „allererst zu klären, welche Art von Arbeit bzw. ‚Arbeitszeit' hier eigentlich ‚gerinnen' soll." Wir dürfen demnach hoffen, dass Kurz, wenn auch etwas spät, nun doch endlich die Marxsche Unterscheidung zwischen konkreter und abstrakter Arbeit irgendwie zur Kenntnis zu nehmen gedenkt. Die Formulierung „*Art* von Arbeit" macht freilich sofort wieder misstrauisch, denn abstrakte Arbeit, wie Marx sie aus seiner Analyse gewinnt, ist bestimmter Aspekt *jeder* besonderen „Art von Arbeit" und folglich selber im Grunde keine solche.

„Unproblematisch", schreibt Kurz, „wäre der Begriff einer ‚Vergegenständlichung' der Arbeit, wenn er sich auf das *stoffliche*
Resultat beziehen würde." (67)

Freilich „wäre" er dann offenbar doch nicht als er selbst,
nämlich als „Begriff", sondern, wie Kurz uns unverzüglich ver-
deutlicht, „als bloße Metapher zu nehmen", was nun wiederum
ziemlich problematisch ist, denn Metaphorik ist wohl so ungefähr das Letzte, wozu ein derart abstrakter, verallgemeinernder,
vollkommen unanschaulicher Terminus wie „Vergegenständlichung" sich eignet. Die „durch Arbeit hervorgerufenen stofflichen Veränderungen am Produkt" jedenfalls werden durch die
„Metapher" der Vergegenständlichung von Arbeit keineswegs
anschaulicher.[48] Im übrigen setzt Kurz uns nicht auseinander,
von welcher anderen möglichen Auslegung sich seine Interpretation des fraglichen Ausdrucks „als bloße Metapher" abgrenzt.
Er scheint damit lediglich kundzutun, dass dieser ihm eigentlich
überhaupt nicht schmeckt. Vergessen wir also zunächst die Metaphorik und sehen weiter zu, wie Kurz zum Sprung von der
Arbeit zum Wert ansetzt:

> „In einem ganz allgemeinen historischen Sinne könnte man
> sagen, dass sich menschliche Arbeit ‚vergegenständlicht' durch
> Umformung der Natur des Planeten, durch Schaffung einer dem
> Menschen eigenen stofflichen Umwelt (Kultivierung des Bo-
> dens, Züchtung von Kulturpflanzen und Nutztieren, Städtebau
> usw.). Es ist klar, dass in der Bestimmung der Ware als Wert,
> d. h. als ‚vergegenständlichte' Arbeit, nicht diese (kaum quan-
> tifizierbare) ‚Vergegenständlichung' menschlicher Arbeit im
> allgemeinsten historischen Sinne gemeint sein kann, sondern
> vielmehr die für ein jeweils einzelnes, bestimmtes Produkt ‚auf-
> gewendete' und insofern durchaus quantifizierbare Arbeit im

---

48 Vgl ebenda. Es scheint ganz allgemein das haltlos gewordene
Denken der theoretisierenden postmodernen Linken zu kennzeichnen,
dass es bei allem exzessiven und oft ziemlich unglücklichen Gebrauch
von Metaphern als Ersatz für nachvollziehbar entwickelte Gedan-
kengänge – man denke nur einmal an die allseits geliebte „Ebene", die
häufig allerlei ansonsten unvermittelte Gedankensprünge an Mann und
Frau zu bringen hat – oft gar nicht zu wissen scheint, was eine Metapher
ist.

engeren Sinne. Was sich hier allerdings ‚vergegenständlicht‘, kann auf keinen Fall die ‚Arbeitszeit‘ als solche sein; eine solche Überlegung muss als absurd erscheinen. Auch auf der Ebene des einzelnen Produkts könnte von ‚Vergegenständlichung‘ nur in soweit gesprochen werden, als die Arbeit an dem Naturstoff bestimmte Veränderungen stofflicher Art vorgenommen hat." (67)

„Klar", sonnenklar gewissermaßen, wird hier vor allem, dass auf die Entwicklung der Schlussfolgerungen, zu denen Kurz seine immer noch wohlmeinende Leserschaft führen möchte, sich zusehends dicker werdender Nebel senkt. Hatte unser Wertkritiker noch wenige Zeilen zuvor es abgelehnt, mit der Analyse des Tauschwerts zu beginnen, weil ein solcher Ausgangspunkt angeblich „immer nur zum quantitativen Aspekt zurückführen" könne,[49] so gerät ihm nun die Quantifizierbarkeit schlechthin zum Kriterium wertsetzender Arbeit, ohne dass der qualitative Aspekt ausgeleuchtet, die zu quantifizierende Qualität irgendwie bestimmt wäre. Von der durch menschliche Arbeit umgeformten „Natur des Planeten" irrlichtert Kurz zum „jeweils einzelnen Produkt". Mit dem Wert haben beide – ob nun quantifizierbar hinsichtlich der für sie verausgabten Arbeit oder nicht – an sich nichts zu schaffen, solange sie nicht Produkt in der spezifischen Form der Ware sind. „Klar" ist daher des weiteren, dass wohl „ein jeweils einzelnes Produkt", kaum jedoch die „Natur des Planeten", wie auch immer bearbeitet, Warenform annehmen, d.h. in den Austausch gebracht werden kann, es sei denn, dass sie vielleicht im eines Tages installierten intergalaktischen Handel verhökert würde.

Das „einzelne" Produkt andererseits ist als Ware nicht mehr einfach Einzelnes, sondern nur mehr Exemplar je seiner Sorte. Und wenn nun gar sein Wert ins Spiel kommt, hat es vollends seine Individualität verloren, ist bloß noch Gleichartiges unter Gleichen, Produkt überhaupt. Namentlich die zu seiner Herstellung erforderliche Arbeit hat jeden Anspruch auf individuelle Rücksichten restlos verspielt, sie gilt nur noch, soweit sie Äußerung *durchschnittlicher* Produktivität ist, ganz gleichgültig,

---

49 Vgl. oben, S. 52, Fn..

wie produktiv sie wirklich war, wieviel individuelle Arbeitszeit also die Herstellung des Produkts gekostet hat. Robert Kurz mag daher „die für ein jeweils einzelnes Produkt ‚aufgewendete‘ Arbeit" so sorgfältig quantifizieren, wie er will, er kommt damit der wertsetzenden Arbeit keinen Flohsprung näher. Dies nicht deshalb, weil etwa die je bestimmte Quantität, das ermittelte Quantum Arbeitszeit, „auf keinen Fall" gegenständlichen Ausdruck im Produkt erhalten könne, wie Kurz behauptet. Das Weben von Leinwand beispielsweise drückt seine individuelle Quantität, d. h. die vom Weber webend zugebrachte Zeit in der Länge der Stoffbahn hinreichend handgreiflich aus. Aber dieses Quantum – gegenständlich oder nicht – hat unmittelbar rein gar nichts zu tun mit dem Quantum Wert, d.h. dem Quantum gesellschaftlich notwendiger Arbeitszeit, welches das Produkt als Gegenstand des Austausches repräsentiert. „Klar" wird daher zum dritten, dass Kurz in der Forschung nach der „Art von Arbeit", die dem Wert zugrundeliegt, uns hier auf eine völlig falsche Fährte gesetzt hat; etwas unklar bleibt eigentlich nur, ob in didaktisch verdunkelnder Absicht, oder weil er es wirklich nicht besser gewusst hat.[50]

Die Versuchung ist natürlich groß, an dieser Stelle unseren eigensinnigen Pfadfinder in seinem Nebel allein weiter stochern zu lassen und sich dankbareren Beschäftigungen zuzuwenden. Jedoch blamieren sich heutzutage an den Fundamenten der Kritik der politischen Ökonomie auch jede Menge anderer Figuren, ohne dass es in den diversen darum herum sich rankenden Diskursen bemerkt würde. Jene Wissenschaft ist in der Linken, die ihr soviel verdankt, offenbar so gründlich in Vergessenheit gefallen, dass in der neuerdings wieder etwas in Mode gekommenen Rückbesinnung auf sie die Absonderung alles nur erdenklichen Blödsinns erlaubt zu sein scheint. Die Kurzsche Variante besitzt immerhin den Vorteil, dass sie mit besonderer Akribie schwarz

---

50   Für die zweite Annahme spricht allerdings der Umstand, dass die Identifikation der wertsetzenden mit der individuell verausgabten Arbeit offenbar einen Geburtsfehler der fundamentalen Wertkritik bezeichnet, denn sie findet sich schon in ihrem allerersten Dokument (vgl. Kurz 1986, bes. S. 9f).

auf weiß vorführt, welche kuriosen bis grotesken Missverständnisse und Irrtümer die heutige, mehr oder weniger fundamental wertkritische Art der Rezeption der Marxschen Warenanalyse (es ist die einzige, die wir haben) notwendig zeitigt, wenn sie sich gelegentlich über ein paar zusammenfassende Bemerkungen aus der Marxschen Fetischkritik hinauswagt auf das Feld der analytischen Entwicklung solcher Schlussfolgerungen.[51] Geben wir also ruhig zu, dass wir außerhalb der Kurzschen Nebelsuppe auch nicht unbedingt klüger sind, und tauchen unverdrossen weiter in sie ein, in der berechtigten Hoffnung, dass nach ihrer Durchquerung ein Stück wirklicher Klärung uns belohnt!

Schauen wir uns zunächst noch einmal an, was wir bisher zu fassen haben. Kurz präsentierte uns „ein jeweils einzelnes bestimmtes Produkt" (den umgeformten Globus sind wir glücklicherweise schon wieder los) sowie die dafür „„aufgewendete' und insofern durchaus quantifizierbare Arbeit". Das Produkt, insofern es das „*stoffliche* Resultat" der Arbeit ist, dürfen wir auch als deren Vergegenständlichung bezeichnen, aber – bitte sehr! – bloß metaphorisch, nicht buchstäblich, wirklich. Ferner hat die Arbeit eine quantitative Seite (ihre zeitliche Dauer) die sich, wie Kurz konzediert, auch genau bestimmen lässt, sich aber „auf keinen Fall", also nicht einmal metaphorisch, in Anführungszeichen, im Produkt „als solche" (was auch immer das hier heißen mag) vergegenständliche. Diese letzte Feststellung ist offenbar gemünzt auf Marxens „an sich absurde Bestimmung" der Warenwerte als „bestimmte Maße festgeronnener Arbeitszeit", die Kurz veranlasst hatte, über Vergegenständlichung von Arbeit zu sinnieren.

Nun hatte Marx freilich aus gutem Grund *vor* seiner Bestimmung der Warenwerte als vergegenständlichte Arbeitszeit Letztere in ihrer Qualität bereits hinreichend charakterisiert, nämlich als größeres oder kleineres Quantum „jener einfachen, gleichförmigen, abstrakt allgemeinen Arbeit"[52], auf die Kurz erst noch

---

51 Dem schon mehrfach zitierten Franz Lindemann beispielsweise passiert es auch, dass er bei der Bestimmung der Wertgröße an der konkreten Arbeit hängen bleibt (vgl. Lindemann 1994, S. 83).

52 Marx 1990, S. 24.

– er weiß offenbar nicht so recht, wie – zu sprechen kommen muss (sie gab immerhin seinem Aufsatz den Titel). An der individuellen Arbeit aber, an welcher Kurz nach wie vor klebt, der Arbeit, die einen einzelnen Gebrauchswert herstellt (und damit historisch, was ihre gesellschaftliche Form betrifft, völlig unbestimmt bleibt), ist diese, die spezifische (oder vielmehr spezifisch unspezifische) Arbeitszeit so ohne weiteres nicht zu entdecken. Marx stößt auf sie, indem er den spezifischen Gegenstand, an dem sie, wenn auch nicht unmittelbar, sondern verwandelt, (historisch erstmals) erscheint, indem er also die Ware nach ihren zwei Seiten näher untersucht. Nur weil die Ware nach ihrer einen Seite, als Wertding, sich gleichgültig gegen ihre Individualität wie ihre Besonderheit *zeigt*, kann Marx die abstrakt allgemeine, gegen ihre Individualität und Besonderheit gleichgültige Seite der Arbeit, die sie produziert, entdecken. Und allein die so charakterisierte oder die nach dieser Seite betrachtete Arbeit ist ferner zu keiner anderen Verschiedenheit fähig als der ihrer Größe oder zeitlichen Dauer, die darum auch „Arbeitszeit als solche" genannt werden kann.

Dass die Gegenständlichkeit dieser Arbeitszeit eine höchst eigenartige Form annehmen muss, sich nicht begnügen kann mit der mehr oder weniger handgreiflichen Gestalt des einzelnen Produkts, darauf wurde in vorangegangenen Abschnitten schon ausgiebig hingewiesen und auch darauf aufmerksam gemacht, dass Kurz gerade diese Form aus seinen Überlegungen als „sekundär" verbannt hat. Gleichwohl ist Kurz natürlich nicht entgangen, dass es mit der Gegenständlichkeit der wertsetzenden Arbeit eine besondere Bewandtnis hat. Er legt sogar seinen ganzen Ehrgeiz darein, der auf die Schliche zu kommen, und glaubt offenbar, sie am Zipfel gepackt zu haben in jener ihm „absurd" vorkommenden Vergegenständlichung der „„Arbeitszeit' als solcher" am „einzelnen Produkt". Aber „als solche" ist die Arbeitszeit, wenn überhaupt irgend etwas, eben nur das quantitative Dasein *abstrakter* Arbeit, und es wäre in der Tat absurd, ihren gegenständlichen Ausdruck zu suchen am „einzelnen Produkt", und damit zu abstrahieren gerade von der spezifischen gesellschaftlich-gegenständlichen Form, in der allein die Produkte der Arbeit gegenständlicher Ausdruck der „Arbeitszeit als solcher" werden.

Wie hemmungslos Kurz in seinem Kampf mit der Vergegenständlichung der Arbeit durchweg gerade von dem abstrahiert, was er eigentlich näher bestimmen will, ohne das irgendwie zu reflektieren, wird freilich erst deutlich, wenn wir gleich doch noch seiner „Metaphorik" ein wenig Aufmerksamkeit schenken. Sie ist ihm wichtig genug, dass er noch ein zweites Mal auf ihr bestehen muss.

Kurzens Versuch einer Erneuerung der Marxschen Werttheorie zielt, wie er bereits einige Male hat durchblicken lassen, auf eine sogenannte „Kritik des Werts". Man hat darunter freilich weniger die wissenschaftliche Kritik zu verstehen, also eine solche, die, indem sie die Bestimmungen des Werts nach Form und Inhalt auseinanderlegt, deren Bedingtheit und bedingte Reichweite, darin auch die Bedingungen ihres Umschlags in weitere, konkretere ins Auge fasst. Vielmehr hat Kurz es abgesehen auf die Enthüllung des Werts als zu beseitigende Geißel der Menschheit. Das ist sicher ein ehrenwertes, von untadeligen Motiven getriebenes Vorhaben, welchem vermutlich zum größeren Teil zu verdanken ist, dass seine fundamentale Wertkritik unter an der Menschheit verzweifelten Linken den Ruf genießt, eine wirklich *kritische* Wissenschaft zu sein (die seine Lehre ablehnen, tun es in der Regel nicht wegen der Kritik, sondern wegen der Wissenschaft, die sie darin noch vermuten). Nichtsdestoweniger verträgt ein derart an die Sache herangetragenes, ihr ganz äußerliches Anliegen – es mag so menschenfreundlich sein, wie es will – sich ausgesprochen schlecht mit der primitivsten Voraussetzung wissenschaftlichen Arbeitens: der Bereitschaft und Fähigkeit, in der Analyse alle vorgefassten Urteile, Gesinnungsrücksichten, moralischen und sonstigen Bedenken oder Vorlieben beiseite zu lassen, sich dem Forschungsgegenstand ohne jeden Vorbehalt oder Eifer, soweit er sich nicht aus der Untersuchung selbst ergibt, zu widmen.

Was nun die hier speziell ins Spiel kommende Leidenschaft betrifft, den Wert aufs Haupt zu schlagen, so macht sie sich in der Tat bei der Begutachtung der Vergegenständlichung von Arbeit äußerst störend bemerkbar. Es gereicht letzterer sichtlich zum Nachteil vor den Schranken des fundamentalen Gerichts, dass Marx ihr, wie Kurz verstanden hat („Wert, d.h. … ‚vergegenständlichte' Arbeit"), einen offenbar allzu vertraulichen Umgang mit jenem Scheusal namens Wert anhängte. Und so sind einerseits das an sich doch ach so menschliche Bedürfnis und seine Gegenstände wie andererseits die ihnen dienende menschliche Tätigkeit vor der ansonsten fälligen Verdammnis anscheinend nur dadurch zu retten, dass ihr Verhältnis für rein platonisch erklärt wird; will sagen: soweit es bei der Arbeit ordentlich zugeht und was Rechtes herauskommt, hat diese (es lässt sich schlecht in Bausch und Bogen abstreiten) irgendwie Beziehung zum Gegenstand, sowohl dem, der bearbeitet wird, wie dem fertig bearbeiteten, aber doch nur flüchtig und in aller Unschuld, ohne dass beide Seiten die aneinander verlören:

> „In den meisten Fällen … trägt das Produkt deutlich die Spuren menschlicher Arbeit, etwa wenn aus Holz ein Tisch geformt worden ist. Sowohl in der am Produkt unsichtbaren Ortsveränderung als auch in den durch Umformung sichtbaren Spuren ‚vergegenständlicht' sich also durchaus die Arbeit an einem bestimmten Gegenstand, wenn auch eher in einem metaphorischen Sinne (denn der Gegenstand ‚ist' als solcher nicht Arbeit, sondern bleibt bloßer Gegenstand, auch in seiner umgeformten Gestalt)." (67)

Kurz gibt hier zweifellos sein Bestes, redet gleichsam mit Engelszungen, um nützliche Arbeit und Gebrauchsgegenstand vor dem Bannfluch zu bewahren, den etwaige intimere gegenseitige Herzlichkeiten in seinen Augen unvermeidlich nach sich zögen, aber in seiner Beweisnot, die in Verdacht geratene Beziehung als „bloß metaphorisch" erscheinen zu lassen, lässt er Arbeit und Gegenstand selbst bloß noch metaphorisch auftreten, verwandelt sie in jeweils rein platonische Angelegenheiten. Denn was für eine seltsame Arbeit mag das sein, deren Gegenstand „bloßer Gegenstand" nach wie vor seiner Bearbeitung „bleibt", und was für ein esoterischer Gegenstand? Wir können Kurz nur wünschen, dass die Geschworenen seines wertkritischen Gerichts sich nicht an den konkreten Fall des Tisches halten, den er etwas fahrlässig in sein Plädoyer hat einfließen lassen, und womöglich einen Ortstermin in der Möbelfabrik anberaumen, um sich den „bestimmten Gegenstand", anzuschauen, wie er nach der Arbeit „bleibt", was er vorher war: „bloßer Gegenstand".

Man wird ihnen dort einen Stapel Bretter zeigen (der kostbaren Zeit wegen haben sie sich den Gang in den Wald gespart), und sie werden ungläubig bis verärgert dreinschauen, wenn man ihnen sagt, das sei besagter „bestimmte Gegenstand", der Tisch. Wenn sie dann fragen, wo denn an diesem Bretterstapel seine Bestimmung als Tisch dingfest zu machen sei, so wird man sie auf Zeichnungen und Arbeitspläne verweisen, mit deren Hilfe sie – dank normal entwickelter Abstraktionsfähigkeit und Phantasie – über den augenblicklichen Zustand des Holzes hinwegsehen und von seiner künftigen Gestalt und Funktion als Tisch eine Vorstellung bekommen. Unterdessen beginnt es für die Kurzsche Beweisführung brenzlig zu werden, denn es kommt unter den Gericht haltenden Damen und Herren die Frage auf, wie wohl jene mit papierener Unterstützung in menschlichen Köpfen hausende Bestimmung des Tisches dem ziemlich gleichgültig und dumm herumliegenden Holzstapel nahegebracht würde. Von dieser Frage ist es natürlich nicht mehr weit bis zu der Entdeckung, dass, weil das Holz davon, was ein Tisch ist und wie er aussieht, keine blasse Ahnung hat, die Pläne nicht lesen kann und in dieser Hinsicht vollkommen phantasielos ist, es eben der Arbeit obliegt, ihm seine künftige Bestimmung genügend nachdrücklich mitzuteilen, auf dass der so bestimmte Gegenstand überhaupt erst werde. Wenn dann noch herauskommt, dass die gleichen Holzstapel in der Fabrik auch zu Stühlen und Schränken verarbeitet werden, die Art und Weise, *wie* sie bearbeitet werden, also entscheidet über Sein oder Nichtsein der je bestimmten Gegenstände, dann zeigt sich das Tisch-, Stuhl- oder Schranksein, kurz: der bestimmte Gegenstand, unabweislich als zunächst vollkommen innerliche, subjektive Bestimmung der Arbeit selbst, die erst in deren Verlauf nach und nach äußere Form annimmt, Form des Gegenstandes, d.h. gegenständlich wird oder eben sich vergegenständlicht. Vom „bloßen Gegenstand" des Robert Kurz „bleibt" so, nachdem wirkliche, wirklich bearbeitete Gegenstände offensichtlich nicht in Frage kommen, gewissermaßen nur die Blöße: bloße, in leere Abstraktion sich verkrümelnde Ausflucht.

Diese Überlegungen haben, wie gesagt, nichts zu tun mit der Frage der im *Wert* vergegenständlichten Arbeit im Besonderen. Sie unterstreichen zunächst nur im Allgemeinen, wie den fundamentalen Wertkritiker seine windige Methode auch noch auf den Abwegen, auf die sie ihn führt, gegenstandsloses Geschwafel produzieren lässt. Indem freilich darin jeglicher Zusammenhang der Arbeitsprodukte in ihrem gegenständlichen Dasein mit menschlichem produktiven Tun sozusagen metaphorisiert ist, scheinen jene unversehens verwandelt in ganz und gar selbständige Existenzen. Wir werden daher am Schluss erleben, wie die Wertkritik auf dieser Grundlage in der Behandlung der Geldform, also der verselbständigten Form des Werts, des spezifischen Produkts von Warenproduktion, den Fetischismus dieser Form, statt ihn theoretisch aufzulösen, vielmehr sozusagen kritisch ergänzt.

Qualität und Quantität:
abstrakte Arbeit als „Phänomen"

Nachdem er uns aber nun schon dort hat, wo er sich offenbar zu Hause fühlt, im Reich der „bloßen Metaphern" und anderer obskurer „Erscheinungen", ergreift unser Geisterseher die Gelegenheit beim Schopfe, uns gleich ein ganz besonders „seltsames Phänomen" vorzustellen. Und wen kann es inzwischen noch wundern, wenn ihm jetzt auch die abstrakte Arbeit als solches begegnet. Jedoch der Reihe nach.

Wir befinden uns, wie zu erinnern ist, immer noch in der Kurzschen Nebelsuppe, damit beschäftigt, nach der „Art von Arbeit bzw. ‚Arbeitszeit'" zu haschen, die im Wert vergegenständlicht sein könnte. Die hat sich uns, wenn auch nicht durch eine bestimmte Überlegung, sondern unter der Hand, veranlasst durch ein ziemlich geheimnisvolles, weil „paradoxes" Marx-Zitat, näher bestimmt zur „Arbeitszeit ‚als solcher'". Bei der Kurzsichtigkeit, welche die nebulösen Umstände uns auferlegen, haben wir uns den ersten besten Gegenstand gegriffen, gegen den wir stießen, und „ein jeweils einzelnes Produkt" vergeblich nach jener „Arbeitszeit ‚als solcher'" abgesucht – eine dramaturgische Lage, die drängend verlangt nach einem deus ex machina. Und siehe da! – wenn die Not am größten, der alte Meister am nächsten ist:

> „Marx trennt nun, entsprechend der getrennten Bestimmtheit der Ware einerseits als konkret nützlicher Gebrauchswert, andererseits als abstrakter Wert bzw. (in der Beziehung zu anderer Ware) Tauschwert, den Begriff der Arbeit in die Bestimmung von einerseits konkret nützlicher, qualitativer Arbeit (Schneidern, tischlern, schmieden usw.) und andererseits ‚abstrakter' Arbeit, ‚unterschiedsloser menschlicher Arbeit, d.h. der Verausgabung menschlicher Arbeitskraft ohne Rücksicht auf die Form ihrer Verausgabung'". (67)[53]

Was Kurz uns hier als kühnen Analogieschluss präsentiert, gleichsam wie einen genialen Regieeinfall, war bei Marx, wie hoffentlich weiter oben schon hinreichend deutlich geworden ist, bloß notwendig sich ergebende Schlussfolgerung aus seiner Analyse der Ware, wie sie sich dem unvoreingenommenen Betrachter zeigt. Die erste, von Kurz hier übergangene, entscheidende „Trennung" ist daher die des Werts vom Tauschwert. Denn abstrakte Bestimmung der Ware ist nicht der Tauschwert (auch nicht „bzw."), sondern der Wert, d.h. der im Tauschwert erscheinende, unabhängig von seiner Erscheinungsform betrachtete Inhalt desselben. Die Arbeit wiederum kommt nur zur Sprache, weil und insofern sie Moment oder Gesichtspunkt des bestimmten Untersuchungsgegenstands dieser Analyse ist. Es geht Marx dabei keineswegs um „den Begriff der Arbeit", also etwa eine Betrachtung der Arbeit im allgemeinen, aus der er auf wundersame Weise ihre wertsetzende Bestimmung gewänne; solche allgemeinen Bestimmungen der Arbeit entwickelt er im „Kapital" an anderer Stelle, wo sie der Sache nach hingehören, nämlich im dritten Abschnitt, zu Beginn der Darstellung des kapitalistischen Produktionsprozesses als Doppelgestalt von Arbeits- und Verwertungsprozess. Weil aber Kurz den logischen Aufbau der Marxschen Darstellung von vornherein ignoriert hat,

---

53   Kurz zitiert aus Marx 1970, S. 52.

fällt ihm auch nicht auf bzw. findet er es nicht beachtenswert, dass die Unterscheidung zwischen konkreter und abstrakter Arbeit, die in seiner Wiedergabe aussieht wie der nachgeschobene Versuch der Beseitigung eines Erklärungsnotstands, darin jener ihn so stutzig machenden Bestimmung des Werts als geronnener Arbeitszeit *vorausgeht*. Es ist danach bei Marx auch ganz klar, dass er die Arbeit nicht unterscheidet nach „einerseits ... qualitativer ... und andererseits ‚abstrakter‘ Arbeit", sondern eine *bestimmte* Qualität, die als einzige allen Arbeiten gemeinsam ist, festhält als diejenige Qualität, die der Arbeit einzig verbleibt, sobald man sie nach ihrer wertsetzenden Seite hin betrachtet. Abstrakt ist diese Arbeit also nicht, weil sie „reine", d.h. qualitätslose Quantität wäre wie die Zahl in der Mathematik, sondern weil sie für sich betrachtete, zwar allen wirklichen Arbeiten zukommende, aber von je einer Vielzahl zusammengehöriger, in besonderer Weise kombinierter Qualitäten der konkreten Arbeiten abgezogene, einzelne Qualität ist. Diese qualitative Seite des Wertproblems zu wenig beachtet und sich ganz auf das Problem der Wertgröße konzentriert zu haben, war gerade eine Schwäche der klassischen, namentlich ricardianischen politischen Ökonomie, die dann von der sie ablösenden Vulgärökonomie (Bailey) in der Weise beseitigt wurde, dass der Wert in „reine", d.h. rein gedankenlose Quantität aufgelöst und schließlich ganz aus der wissenschaftlichen Betrachtung eliminiert wurde.[54] Jemand, der den in der Tradition solcher Vulgärkritik stehenden „wissenschaftlichen Standards" treuherzige Reverenz erweist, die sich in der akademischen Behauptung von „Lücken" der Marxschen Werttheorie heutzutage wichtig machen, landet allerdings in gewisser Hinsicht wohl zwangsläufig wieder beim qualitätslosen Wert bzw. bei nicht-„qualitativer" Arbeit.

Wie sehr aber auch es der abstrakten Arbeit in Kurzscher Interpretation an qualitativer Bestimmung mangeln mag, *eine* Qualität kommt darin auch ihr zu: sie macht unseren werttheoretischen Neuerer „kritisch" und „gedankenvoll". Kurz zitiert Marx, der das Ergebnis seiner Analyse der warenproduzierenden Arbeit zusammenfasst:

---

54 Vgl. hierzu Marx 1976, bes. S. 122ff.

„Alle Arbeit ist einerseits Verausgabung menschlicher Arbeitskraft im physiologischen Sinn und in dieser Eigenschaft gleicher menschlicher oder abstrakter Arbeit bildet sie den Warenwert. Alle Arbeit ist andererseits Verausgabung menschlicher Arbeitskraft in besonderer zweckbestimmter Form, und in dieser Eigenschaft konkreter nützlicher Arbeit produziert sie Gebrauchswerte"[55],

und kommentiert dies folgendermaßen:

„Es ist bezeichnend, dass der traditionelle Marxismus über die Problematik dieser scheinbar so dürren Definition immer unkritisch und gedankenlos hinweggelesen hat. Das seltsame Phänomen der ‚abstrakten Arbeit‘ wurde kaum je einer näheren Prüfung unterzogen." (67)

Da haben wir nun das stolze Ergebnis der „analytisch genau differenzierten" Recherche in Sachen Marxscher „Basisbestimmungen des Wertbegriffs": Entdeckt ward das „seltsame Phänomen" einer – „Definition". So seltsam lässt sich Marx also auch lesen, wenn man nur ordentlich abstrahiert von jeder Analytik und jedem inneren Zusammenhang seiner Darstellung. Eine Lesart, die mit Sicherheit in der Lage ist, reihenweise weitere „seltsame Phänomene" aus dem Marxschen Text hervorzuzaubern, aber unfähig zu begreifen, dass darin ein wirklicher Gegenstand untersucht und nicht sogenannten Begriffen mit Definitionen zu Leibe gerückt wird, die ein apartes Eigenleben als „Phänomen" entwickeln und darauf warten, dass irgendein kritikversessener Interpret eine „Problematik" daraus zimmere. Nun denn, tun wir auch die uns noch an!

Abstrakte Arbeit:
Natürliches und Gesellschaftliches

„Es wäre also", eröffnet man uns, „zunächst einmal der Begriff … selber näher zu beleuchten", nämlich jener von Kurz erschaute, geisterhafte „Begriff der abstrakten Arbeit". Unser Medium läuft dabei zu einer gewissen Höchstform auf und zieht alle Register seiner parapsychologischen Kunst, um uns durch

---

55   Marx 1970, S. 61.

ein Wechselbad der Gefühle auf die mit der Erscheinung sich ankündigenden Offenbarungen einzustimmen.

Die Prozedur beginnt damit, dass uns erst einmal eine herbe Enttäuschung zugemutet wird:

> „Abstraktheit der Arbeit bedeutet gewöhnlich ihre *Allgemeinheit*, und zwar ihre absolute, unhistorische Allgemeinheit. Nerv, Muskel, Hirn usw. ‚verausgabt‘ wird sowohl beim Abschlagen eines Faustkeils als auch beim Bedienen eines Computerprogramms.“ (68)

Wo aber Steinzeit und die Zeit der Mikroelektronik von derselben Bestimmung erfasst werden, da kann diese offensichtlich nichts Spezifisches aussagen über eine bestimmte geschichtliche Zeit, sondern eben nur etwas Allgemeines, nämlich etwas aller (bisherigen) Geschichte Gemeinsames[56]. Diese Einsicht vermag freilich nur jemanden zu irritieren, der solche allgemeinen Bestimmungen für seine Überlegungen zur historisch spezifischen Form der kapitalistischen Ware als – selber nicht weiter begründeten – Ausgangspunkt gewählt hat, statt sie als allgemeinen Inhalt aus der Analyse dessen historisch spezifischer Form zu erschließen; der also den Inhalt von vornherein abstrakt, außerhalb seiner Form betrachtet. Was bei Marx bloß ein Entwicklungsschritt oder Moment der Analyse ist und zwar reflektiertes Moment, das wird bei Kurz nichtreflektiertes und darum sozusagen hinter seinem Rücken ihn leitendes Prinzip, in dem alles Nachdenken über Wert und Arbeit befangen bleibt. Jener nun als „Definition“ endlich wenigstens namentlich sistierte Inhalt macht bei solcher Prozedur notgedrungen eine ziemlich klägliche Figur. Die abstrakt definierte Arbeit mutet als „nur eine Banalität“ an, und zwar

> „ … deswegen banal, weil sie dünnste Abstraktion unhistorischer Allgemeinheit ist“. (68)

und absolut nicht zu ersehen, wie man von solcher zum historisch bestimmten Wert finden könnte.

---

56 Ohne solches Gemeinsame, das sei hier für die werten Ontologiekritiker wiederholt, gäbe es nichts, was sich als „Geschichte“ allgemein zusammenfassen und benennen ließe.

Das Phänomen eine Banalität? Das Publikum fühlt sich verarscht, und unser Medium muss eingreifen, bevor die Leute womöglich noch ihr Geld zurückverlangen. Gemach, gemach, spricht es, wir kennen doch alle Meister Marx und wissen, dass er zwar „Lücken und Brüche" hinterlassen und die eine oder andere der „Bedeutungsebenen ... durcheinander" gebracht hat, aber niemals mit unhistorischen Banalitäten sich abgegeben hätte:

> „Marx hat darauf selber des öfteren hingewiesen ... ; es kann sich also bei seinem Begriff der Abstrakten Arbeit kaum um diese unhistorische Allgemeinheit der Arbeit handeln." (68)

Worum es sich dabei denn nun statt dessen handelt, wird freilich immer noch nicht verraten. Vielmehr wird erst noch der letzte Saft aus der „Banalität" herausgequetscht und weggekippt. War die bislang immerhin allen Geschichtsepochen gemeinsame, allen verschieden Formen gesellschaftlichen Lebens gleichermaßen eigentümliche und insofern unzweifelhaft selber gesellschaftliche Bestimmung, so erfahren wir nun,

> dass die „abstrakte Bestimmung von Arbeit überhaupt, unabhängig von der konkreten Form ihrer Verausgabung, nämlich als Verausgabung von Nerv, Muskel, Hirn, ... zunächst einmal überhaupt keine *gesellschaftliche* Allgemeinheit der Arbeit ... , sondern lediglich eine ‚*natürliche*‘ oder eben rein physiologische Allgemeinheit" ausdrücke. (68)

Daran fällt zunächst merkwürdig auf, dass dem Attribut „natürlich" bzw. „physiologisch" ohne weiteres eine ausschließende Wirkung in Bezug auf das Attribut „gesellschaftlich" unterstellt wird, so als könne eine natürliche Bestimmung selbstverständlich nicht zugleich gesellschaftliche Bestimmung sein und umgekehrt. Indem so Gesellschaft fixiert ist als das absolut Unnatürliche – was in unseren ökologischen Zeiten schon an sich eine bemerkenswerte Denksperre anzeigt – ist sie allerdings zugleich absolut mystifiziert und als bestimmter Gegenstand nicht begreifbar, denn dazu bedürfte sie des bestimmten Unterschiedes von anderem Gegenstand. Der ergibt sich aber nur, wo ein Allgemeines beginnt sich zu unterscheiden, d.h. sich zu zeigen in Besonderem. Gesellschaft, die nicht zuallererst bestimmt ist als besondere Naturform, bleibt daher notwendig verschwommener, unbestimmter bzw. durch bloße Abstraktionen seiner selbst, wie Gott, Geist oder etwa „selbstreflexives Denken", tautologisch, also nur scheinbar bestimmter, bloß benamster Gegenstand. Das von Kurz hier reproduzierte Ritual der in leerer Dualität mit Natur ihr Terrain sich sichernden Sozialwissenschaften, die „Gesellschaft" als besonderen Gegenstand der Forschung immer bloß postulieren, aber konkret nicht denken dürfen, hat darum sein verdientes Komplement erhalten in solchen aufgeblasenen Spielereien wie der Systemtheorie, worin Gesellschaft zum „selbstreferentiellen", bloßen Naturprozess einplaniert ist. Man muss dabei meist froh sein, wenn die Zusammenhänge wenigstens der bestimmten Naturvorgänge, auf die in platter Analogisierung zurückgegriffen wird, sachlich einigermaßen zutreffend dargelegt werden. Der demgegenüber abstrakt auf den Unterschied von Natur und Gesellschaft pochende Dualismus sozialkritischer Provenienz erlaubt sich da in der Regel die ungleich größere Ignoranz.

Den Vogel allerdings zumindest in dieser Beziehung schießt Robert Kurz ab. Da um jeden Preis anders als in der Natur es „in gesellschaftlicher Hinsicht" zugehen soll, ein bestimmter Unterschied aber unmöglich begründbar anzugeben ist, wenn das Unterschiedensein von Natur und Gesellschaft jedem eigenen Gedanken immer schon vorausgesetzt scheint, ist man für nähere Auskünfte über jenen aufs Lotteriespiel angewiesen und zieht natürlich prompt die Niete. Bei Gelegenheit eines längeren Zanks mit Dieter Wolf über die tiefere Bedeutung der abstrakten Arbeit, auf den ich hier nicht näher eingehen will,[57] belehrt uns

---

57   Dieter Wolf in seinem dickleibigen Werk „Ware und Geld" (Wolf 1985) besteht ohne Frage zu Recht auf der allgemeinen Gültigkeit der Kennzeichnung jeder konkreten Arbeit als immer auch abstrakter oder gleicher menschlicher Arbeit, unabhängig von der je besonderen gesellschaftlichen Form, in der sie verrichtet wird, und treibt Kurz damit zur Weißglut. Die wiederum ist allerdings in einem gewissen Maß gerechtfertigt durch den eigenartigen Schematismus, mit dem Wolf argumentiert. Er unterscheidet zwischen abstrakter Arbeit als einer *allgemeinen Eigenschaft* (Wolf 1985, S. 47) aller Arbeiten, die er unerfindlicherweise unter Abstraktion gerade von deren Charakter

der fundamentale Kritiker darüber, was es so alles „gibt" bzw. „nicht gibt" in seiner herrlich aufgeräumten Welt:

> „Überhaupt gibt es in *gesellschaftlicher* Hinsicht gar nicht wirklich ‚Eigenschaften', sondern *Verhältnisse* (Beziehungen). Abstraktion ist nur an Naturdingen oder Naturprozessen wie Pflanze, Geschwindigkeit etc. eine bloße Zusammenfassung von Merkmalen oder eine allgemeine ‚Eigenschaft'; an Menschen oder ‚menschlichen Dingen' nur insoweit, als sie auch Naturdinge sind, nicht aber hinsichtlich ihrer Gesellschaftlichkeit." (77)

Vor der wertkritischen Neuerungswut, bei aller Exklusivität, mit der sie aufs Soziale sich wirft, sind offenbar auch die bloßen Naturdinge keineswegs sicher. Während jeder halbwegs aufgeweckte Unterstufenschüler etwa die relativ einfache physikalische Größe der Geschwindigkeit identifizieren kann als das arithmetische Verhältnis einer zurückgelegten Strecke zur dafür benötigten Zeit, weiß Robert Kurz hier schlicht nicht mehr, wovon er spricht, und redet darum völlig ungereimtes Zeug.

Jedenfalls „zunächst einmal überhaupt" gibt es keinen Grund, die Allgemeinheit der Arbeit, insofern sie Äußerung eines physiologisch bedingten, gemeinsamen Vermögens der menschlichen Gattung ist, nicht auch als „gesellschaftliche Bestimmung" an ihr gelten zu lassen. Denn auch in unserem gesellschaftlichen Zusammenleben sind wir ohne Frage Naturgeschöpfe, d.h. unser Dasein als Individuen einer bestimmten biologischen Art mit entsprechenden gemeinsamen Merkmalen ist allgemeine Bedingung aller je bestimmten Formen unserer

---

als gesellschaftlicher Tätigkeit gewinnt, und andererseits abstrakter Arbeit als Resultat der „Behandlung" aller Arbeiten „als aliquote Teile der Gesamtarbeit" (ebenda S. 50). Ohne Letztere wäre die abstrakte Arbeit keine „*gesellschaftliche* Bestimmung" (ebenda S. 52). Die Einzelheiten dieser Argumentation zu verfolgen, ist hier nicht der Ort, aber es scheint mir angebracht, die Übereinstimmung zwischen Wolf und Kurz festzuhalten in dem Punkt, dass beide es für möglich halten, die abstrakte Bestimmung aller Arbeiten als verschiedene Verausgabungen eines *gleichen* menschlichen Arbeitsvermögens zu treffen, ohne ihr zugrunde zu legen, dass jene verschiedenen Arbeiten *tatsächlich* irgendwie miteinander in Beziehung stehen, also unter allen Umständen *gesellschaftlichen* Charakter tragen.

Lebenstätigkeit, und diese Bedingung ist natürliche, naturgegeben. Unsere allgemeine anatomische und physiologische Beschaffenheit, ist wiederum bedingt durch die bestimmte anorganische und organische Natur des Planeten, auf dem wir leben. Beides sind spezifisch natürliche, allgemeine Bedingungen gesellschaftlichen Lebens, sie bestimmen es (in gewissen Graden) und sind daher Bestimmungen an ihm. Insofern stößt man in den allgemeinsten gesellschaftlichen Bestimmungen unvermeidlich auf zugleich natürliche Bestimmungen. (Daraus ist freilich nicht der Umkehrschluss zu ziehen, dass natürliche Bestimmungen immer nur allgemeine, historisch unspezifische Bestimmungen wären. Denn die natürlichen Voraussetzungen des gesellschaftlichen Lebens sind erstens schon an sich nicht bloß allgemein, sondern in sich weitläufig diversifiziert und prägen sich den gesellschaftlichen Formen entsprechend unterschiedlich auf; überdies unterliegen sie ihrerseits geschichtlicher Modifikation, so dass sie heute kaum irgendwo noch dieselben sind wie, sagen wir, vor hundert oder gar tausend Jahren. Und dennoch bleiben sie, wie immer auch modifiziert, Voraussetzungen, folgen ihren eigenen Gesetzen, die nicht nach Belieben aufgehoben oder ignoriert werden können.)

Betrachten wir nun die warenproduzierende, genauer: die in der Produktion einer beliebigen Ware verrichtete Arbeit, an der Marx jene Bestimmung der abstrakten Arbeit fand, die Robert Kurz soviel Rätsel aufgibt. „Natürlich" in seinem Sinne, d.h. nichtgesellschaftlich bzw. ohne Rücksicht auf ihren Charakter als gesellschaftliche Tätigkeit bestimmt, wäre diese Arbeit doch wohl nur, insofern wir von aller gesellschaftlichen Beziehung an ihr abstrahieren, also absehen von ihren Beziehungen zu anderer Arbeit. Was bliebe dann übrig von ihr? Offensichtlich nur ihre Beziehung zum bearbeiteten Gegenstand, welcher selbst nicht mehr erscheint als bereits durch frühere Arbeit vermittelt, sondern als bloße Voraussetzung. Sie wäre also nur nach ihrer Gebrauchswert schöpfenden Seite hin betrachtet und zwar als bloß einzelne Auseinandersetzung mit einem Stück Naturstoff.[58]

---

58 „Die Gebrauchswerte Rock, Leinwand usw., kurz die Warenkörper, sind Verbindungen von zwei Elementen, Naturstoff und Arbeit.

Ob nun ein Faustkeil hergestellt oder einem Computer irgendein nützlicher Dienst abgerungen wird, die Tatsache, dass in beiden Fällen Individuen der physiologisch gleichen Art in artspezifischer Weise sich zweckvoll betätigen, liegt hier vollkommen außer Betracht. Sie rückt erst in den Blick, wenn man beide Arbeiten zueinander in Beziehung setzt, d.h. aber ihre gesellschaftliche Seite hinzunimmt.

Die verschiedenen Arbeiten können allerdings (theoretisch wie praktisch) in sehr verschiedener Weise aufeinander bezogen sein, beispielsweise als einander wechselseitig unmittelbar ergänzende Nutzanwendungen besonderer Fähigkeiten mehr oder weniger unterschiedlich begabter Individuen. In diesem Fall entsprängen die unterschiedlichen Betätigungen zwar ohne Zweifel auch einer gleichartigen Physiologie, die prinzipiell Anlage besitzt zu vielerlei anders gearteter Tätigkeit, aber dieser Gesichtspunkt spielte keine größere Rolle für deren praktisches Ineinandergreifen und Zusammenwirken, weil die einzelne Tätigkeit von vornherein als besonderes Glied eines gesellschaftlichen Zusammenhangs der Arbeiten gesetzt, in ihrer Besonderheit, ihrem besonderen Nutzen ohne Umschweife als gesellschaftlich gültige, notwendige Arbeit ausgeübt würde. Historisch ist solcherart gesellschaftliche Beziehung der individuellen Arbeiten aufeinander die der heutigen vorgängige Form. Dieser Umstand mag unseren Wertkritiker dazu verleitet haben, die davon gravierend abweichende Form der Warenproduktion als „paradoxe Verkehrung" einzustufen und dieses Urteil obendrein damit zu motivieren, dass hier gewissermaßen die gottgewollte oder naturgegebene Einteilung der Welt in Unordnung gebracht sei, indem

---

Zieht man die Gesamtsumme aller verschiednen nützlichen Arbeit ab, die in Rock, Leinwand usw. stecken, so bleibt stets ein materielles Substrat zurück, das ohne Zutun des Menschen von Natur vorhanden ist. Der Mensch kann in seiner Produktion nur verfahren wie die Natur selbst, d.h. nur die Formen der Stoffe ändern. Noch mehr. In dieser Arbeit der Formung selbst wird er beständig unterstützt von Naturkräften. Arbeit ist also nicht die einzige Quelle der von ihr produzierten Gebrauchswerte, des stofflichen Reichtums. Die Arbeit ist sein Vater, wie William Petty sagt, und die Erde seine Mutter." (Marx 1970, S. 57f.)

„es sich dabei … nämlich um die Verwandlung der natürlich-physiologischen Allgemeinheit der Arbeiten in ihre Gesellschaftlichkeit" handle. (68)

Und da Robert Kurz von der Hoffnung beseelt ist, dass die Menschheit im Grunde ihren Ordnungssinn sich bewahrt hat, versichert er sogleich, dass jene „Verwandlung" (Gott sei's getrommelt!):

„aber eben deswegen … eine historische Besonderheit" sei, „die keineswegs für alle Gesellschaftszustände gilt." (68)

Nun ist aber die Menschheitsgeschichte möglicherweise noch lange nicht zu Ende, fängt vielleicht sogar gerade erst richtig an. Was da in späteren Zeiten als Episode sich darstellt und was in seiner Gültigkeit überdauert, ist darum noch nicht ausgemacht. Dass die physiologische Gleichheit der arbeitenden Individuen keine bestimmende Rolle spielen soll für den Zusammenhang, in dem sie diese ihre gleiche Physiologie für verschiedene Zwecke in Bewegung setzen, erscheint allerdings bereits vom heutigen Standpunkt aus, sofern einem nicht der Vorsatz der Kritik hier den Verstand vernagelt hat, als überwindbare und in Überwindung begriffene Besonderheit der Unzulänglichkeiten des zähen geschichtlichen Anfangs. Denn die gesellschaftliche Gültigkeit der verschiedene Arbeiten schon unmittelbar in ihrer besonderen Form hat erstens zur Voraussetzung eine relativ geringe Differenzierung des Umkreises der zur Deckung des täglichen Bedarfs erforderlichen Tätigkeiten, hat zweitens bis dato immer zugleich bedeutet, dass die arbeitenden Individuen darin festgeritten, an die je besondere Form gekettet sind, so dass drittens ihr Zusammenhang ebenfalls in nur besonderer Form sich Geltung verschaffen kann, in Gestalt diverser naturwüchsig herrschender Klassen. Die Warenproduktion, die sich in dem Maße verallgemeinert, wie die Tätigkeiten und Bedürfnisse sich differenzieren, löst diese Beschränkungen auf und setzt so die *Universalität* der menschlichen Anlagen frei. Aber sie kann das nur tun in der Form, in welcher sie diese vorfindet, nämlich in der Form einer Vielzahl verschieden besonderer Anlagen menschlicher Individuen, die zunächst nur dadurch als universelle dargestellt werden, dass sie als besondere Anlagen gleichartiger Individuen aufeinander bezogen sind. Da jedoch Warenproduktion keine aparte Person ist, die in erfinderischer Weise das alles mit den Menschen macht, sondern bloß die widersprüchliche Form des Vorgangs bezeichnet, in welchem die wirklichen Menschen mit all ihren ererbten Bornierungen aus diesen heraus- und sich als menschliche Individuen gegenübertreten, handelt es sich bei der „Verwandlung der natürlich-physiologischen Allgemeinheit der Arbeiten in ihre Gesellschaftlichkeit" zwar nicht gerade um eine Selbstverständlichkeit, aber erst recht nicht um eine perverse Laune der Geschichte, sondern um die Geschichte einer mühsamen Entdeckung; der Entdeckung nämlich, dass die je besondere Individualität nicht aufgeht in der ihr zugefallenen beschränkten Betätigung, dass ihr in den Produkten anderer Individuen nicht nur irgendwie Sonderbares begegnet, sondern besonderer gegenständlicher Ausdruck eines Gleichen, des gleichen menschlichen, in der menschlichen Physis an sich liegenden Vermögens.

Man mag solche Einsicht eine „Banalität" nennen, bedenkt dann aber offenbar nicht, dass die Schlichtheit in der jenes uns gemeinsame Vermögen darin bestimmt ist, die Vielfalt und Differenziertheit seiner Ausdrucksweisen, also die ganze Entwicklung vom Faustkeil zum Computer voraussetzt, deren allgemeines Ergebnis darin festgehalten ist. Der Faustkeile produzierende Steinzeitmensch, der von dieser Entwicklung nichts ahnt, hätte daher sicher allen Grund, sich über eine „paradoxe Verkehrung" zu entrüsten, wenn ihm angetragen würde, er solle das merkwürdige Gebaren eines Artgenossen am Computer für den Ausdruck derselben Kräfte nehmen, die ihn zur Faustkeilproduktion befähigen, und darum jenen Sonderling als gewöhnliches Mitglied seinem Stamm eingemeinden, bloß weil der – rein physiologisch betrachtet – genauso aussieht wie Fred Feuerstein und Co. Als nützliches Glied seiner Gemeinschaft, so hat Fred gelernt, erweist der Mensch sich vor allem in der Verrichtung ganz bestimmter, von dieser festgelegter und von Generationen zu Generationen überlieferter Tätigkeiten. Der Herr Computerspezialist hätte also zumindest erst einmal zu beweisen, dass er imstande ist, auch ordentliche Faustkeile zu hauen, will er nicht davongejagt werden oder womöglich im Kochtopf enden.

Es war somit für Steinzeit- oder andere von der zivilisierenden Wirkung des Warentauschs nicht mehr als flüchtig berührte Menschen in der Tat, wie Kurz formuliert, „nichts weniger als selbstverständlich", schon die „rein natürliche" Gleichheit der Physiologie als für das menschliche Mit- und Füreinander relevanten Tatbestand gelten zu lassen. Fragte sich jedoch, was solch ein Steinzeitstandpunkt in der Kritik der Warenform zu suchen hat, wenn nicht inzwischen schon ziemlich klar wäre, dass im Kurzschen Verständnis jedes Argument dafür recht ist, das irgendwie geeignet erscheint, das Objekt in Verruf zu bringen. Die weniger beliebige, um so mehr aber auf Wahrhaftigkeit erpichte Kritik, die den historischen Standpunkt nicht zu jeder Ungelegenheit *postulieren* muss, dürfte nicht ausgerechnet hier ihren eigenen historisch bestimmten Ort verleugnen und hätte daher gerade umgekehrt festzuhalten, dass zuallererst jene unmittelbare Vergesellschaftung der besonderen Arbeiten, welche die physiologische Gleichheit der arbeitenden Individuen *ignoriert*, „nichts weniger als selbstverständlich [ist] in einem absoluten, überhistorischen Sinne".

Nun kommt allerdings der Kurzsche Anwurf, dass die Marxsche „Definition" der abstrakten Arbeit, „unkritisch und gedankenlos" gelesen, die Arbeit an sich „ungesellschaftlich" bestimme, in dem merkwürdig gedoppelten Argument daher, sie drücke „lediglich eine ‚natürliche' ... Allgemeinheit" aus,

> „die für alle Menschen in allen Gesellschaftsstufen gültig ist, eben deshalb aber als solche und von sich aus überhaupt keine gesellschaftliche, sozialökonomische, im gesellschaftlichen Sinne formbestimmende Bedeutung besitzt." (68)

Und diese zweite Hälfte des Arguments ist so richtig, wie sie in ihrer Unschuld das ganze Ausmaß des Unverstands verrät, mit welchem Kurz der Marxschen Darstellung begegnet. Denn dass der Wert in seiner Bestimmung durch abstrakte Arbeit noch nicht in seiner spezifischen Form bestimmt ist, geschieht dort natürlich in ausdrücklich gemachter und begründeter Absicht.

Marx geht zwar – anders als Kurz – unmittelbar aus von einer bestimmten gesellschaftlichen Form, der Ware, und interessiert sich näher für die ihre Besonderheit ausmachende Seite daran, also den Tauschwert, findet aber an diesem sogleich, dass er „nur die Ausdrucksweise, die ‚Erscheinungsform' eines von ihm unterscheidbaren Gehalts sein" kann.[59] Der Wert, bestimmt als Vergegenständlichung abstrakter Arbeit, ist eben zunächst nur jener unabhängig von seiner Form betrachtete Gehalt des Tauschwerts, der spezifischen Formbestimmung der Ware. Historisch Besonderes ist dieser Gehalt daher nicht an sich, sondern nur insofern er Bestimmungsmoment der historisch besonderen Form der Ware, näher ihres Tauschwerts ist. Dass überhaupt an der Ware sich Bestimmungen finden, die, abstrakt für sich betrachtet, historisch unspezifischen, d.h. übergreifend allgemeinen Charakter zeigen, nimmt ihr nichts von ihrer Besonderheit, sondern weist diese nur aus als selber geschichtliches, der einen menschlichen Geschichte angehöriges Produkt, womit sie dann allerdings auch jeglicher Spökenkiekerei entzogen ist, die sie bloß „paradoxe" Unordnung in der Welt stiften sehen will und „seltsame Phänomene" nach ihr befragt.

Kurzer Lehrgang:
Hegels „Terminologie"

Wir indes werden uns dem Spuk noch nicht sofort entziehen. Schließlich steht der Lohn unseres Ausharrens immer noch aus, nachdem wir in Erwartung jenes als extraordinäre Schauerlichkeit angekündigten „Phänomens" zweimal vertröstet wurden. Einstweilen freilich wird noch eine weitere Portion unserer Langmut in Anspruch genommen, nicht ohne dass uns noch einmal versichert würde, es gehe beim Marxschen „Phänomen" keineswegs um die bislang uns zugemuteten „Banalitäten", sondern (versteht sich doch irgendwie von selbst, nicht wahr?) „um die historisch besondere gesellschaftliche Allgemeinheit der Arbeit". Nachdem aber Kurz an der ihm wie zufällig über den Weg gelaufenen Marxschen Bestimmung der Wertsubstanz nichts

---

59   Marx 1970, S. 51. Vgl. hierzu auch meine Ausführungen oben, S. 34ff.

gefunden hat, was ihn jener dem Wert zugedachten Sonderbe-
handlung näherbrächte, die er Kritik nennt, hält er es offenbar
für geraten, erst einmal das Thema zu wechseln und dem Publikum eine terminologische Spritze zu verpassen, auf dass es
sich in der richtigen Stimmung befinde, wenn das „Phänomen"
dann endlich auf die Bühne gelassen wird. Marx nenne, schreibt
Kurz, die abstrakte Arbeit „an vielen Stellen eine ‚abstrakte Allgemeinheit‘", und dieser Terminus „erschließt sich" – nicht etwa
in der gewöhnlichen Sterblichen zugänglichen Weise, nämlich
vor allem aus dem Zusammenhang der Marxschen Darstellung
selbst, sondern

> „erst durch die Kenntnis der Hegelschen Dialektik und ihrer
> Terminologie" (69),

in deren – auf Kurzsche Art interpretierte – Geheimnisse wir
denn auch umgehend eingeführt werden.

„Für Hegel", so werden wir belehrt,

> „ist das Gegenteil des abstrakt Allgemeinen nicht etwa das Be-
> sondere (und Einzelne), sondern das *konkret Allgemeine*. Dieses
> wäre ‚ein Allgemeines, das den Reichtum des Besonderen, des
> Individuellen, des Einzelnen in sich fasst‘"[60] (69)

Abgesehen davon, dass nicht gerade auf Anhieb einleuchtet,
was es zur Aufklärung des von *Marx* zur Charakterisierung der
wertsetzenden Arbeit verwendeten Terminus' der „abstrakten
Allgemeinheit" beiträgt, wenn wir wissen, was „für" *Hegel* in

---

60   Kurz zitiert, unter Verweis auf Hegel 1969, S. 17 sowie 54,
nach Lenin 1971, S. 91. Bei Hegel kommt „das konkret Allgemeine"
nicht vor, wohl aber ein „Allgemeines, das in sich konkret ist". Dieses
steht freilich nicht einfach in Opposition zum abstrakt Allgemeinen,
sondern ist das Resultat einer Bewegung des Denkens, das ausgehend
vom Abstrakten durch die „Manigfaltigkeit der Kenntnisse und Wissenschaften" (Hegel 1969, S. 55) hindurchgegangen ist: „So muss denn
allerdings die Logik zuerst gelernt werden als etwas, das man wohl
versteht und einsieht, aber woran Umfang, Tiefe und weitere Bedeutung anfangs vermißt wird. Erst aus der tieferen Kenntnis der anderen
Wissenschaften erhebt sich für den subjektiven Geist das Logische als
ein nicht nur abstrakt Allgemeines, sondern als das den Reichtum des
Besonderen in sich fassende Allgemeine" (Hegel 1969, S. 54).

ganz anderem Zusammenhang das Gegenteil davon ist, riecht diese Eröffnung wieder einmal stark nach einer zwar irgendwie beeindruckenden, aber in ihrer Motivation völlig im Dunklen bleibenden *Definition*, also statt nach Hegel, nach einem weiteren „Phänomen" aus der Kurzschen Hexenküche. Dass „für Hegel" keinerlei Bestimmung bloß nach einer Seite aufzufassen und in Beziehung zu setzen, jede Bestimmung also „das Gegenteil" einer anderen immer nur im Zusammenhang einer bestimmten Stufe der Entwicklung eines Ganzen von Bestimmungen wird, gehört eigentlich zu den schon aus soliderer Sekundärliteratur zu erwerbenden Kenntnissen Hegelscher Dialektik. „Für Hegel" also ist keineswegs Einzelnes und Besonderes „nicht etwa" das Gegenteil des abstrakt Allgemeinen, sondern es kommt auch hierbei für ihn ganz auf die Umstände oder die bestimmte Fragestellung an. Hätte Robert Kurz aber sich weniger in der Philosophie im Allgemeinen, wo man sich bekanntlich schnell verlaufen kann, nach Rat umgeschaut, als vielmehr die Fragestellung zur Kenntnis genommen, die Marx zur Bestimmung der abstrakt allgemeinen Arbeit geführt hat, so hätte er ohne viel Umstände diese kennenlernen können als das unmittelbare Gegenteil einer bestimmten Einzelheit bzw. Besonderheit, nämlich der Gebrauchswert schöpfenden Seite der Arbeit. Dies nicht etwa, weil Marx seinen Hegel nicht mehr kannte oder verleugnete, sondern weil ihn jenes von Kurz angehimmelte konkret Allgemeine an sich, als belanglose Gedankenspielerei nicht interessierte, er es noch weniger seiner Darstellung als selber notwendigerweise noch völlig unbestimmten Abstoßungspunkt zugrunde legen konnte, sondern es als Totalität der Bestimmungen seines Untersuchungsgegenstands der Reihe nach zu entwickeln gedachte.

Für Marx war freilich – insbesondere aus seinen Vorarbeiten zum Kapital wird das mehr als deutlich – die einfache Bestimmung der Wertsubstanz als abstrakte Allgemeinheit der Arbeit auch ohne ihr Kurzsches „Gegenteil" keineswegs die Kleinigkeit, als welche sie dem Herrn Wertkritiker heute vorkommt, der allen Ernstes glaubt, dass derartige Abstraktionen „durch bloße Anschauung" zu haben seien. (Dazu mag ihn jene schon leicht wahnhafte Idee gebracht haben, im Geld der leibhaftigen

Abstraktion der Arbeit begegnet zu sein, der wir nachher noch etwas Aufmerksamkeit zuteil werden lassen müssen. Marx aber will das Geld aus der Form der Ware *erklären* und hat es folglich zu deren näherer Bestimmung noch nicht zur Verfügung.) Die Abstraktion der Arbeit sans phrase spaziert nämlich nicht inmitten der bunten Pracht der vielen besonderen, vielerlei Waren produzierenden Arbeiten in der Weise einher, dass man nur aufmerksam hinzuschauen bräuchte, um ihrer gewahr zu werden. Es ist vielmehr eine bestimmte Verstandesoperation, eine gedankliche Verarbeitung des von der Anschauung gelieferten Materials notwendig, in welcher es geordnet wird, beispielsweise nach unterscheidenden und gemeinsamen, wesentlichen und zufälligen Merkmalen; ohne Verstand durchgeführt, zeitigt das Abstrahieren allen möglichen abstrakten Blödsinn, nur keine *verständigen* Abstraktionen.

Des weiteren handelt es sich bei dem, woraus die Wertsubstanz destilliert wird, nicht um, nach menschlichen Maßstäben gemessen, zeitloses, jederzeit irgendwie beschaffbares Material, sondern um die geschichtlich sich entwickelnde Lebenstätigkeit der Menschen selber, die eine bestimmte Stufe erklommen haben muss, damit die Abstraktion möglich wird. Diese ist also ihrerseits nicht einfach wissenschaftliches sondern zugleich historisch-praktisches Resultat. Die Reduktion der Mannigfaltigkeit produktiver Tätigkeiten auf ihre Gemeinsamkeit als gleiche menschliche Arbeit setzt zumindest selbige Mannigfaltigkeit voraus, damit diese menschliche Arbeit nicht mehr, wie Marx sagt: „nur in besondrer Form gedacht werden" kann.[61]

Es hat also die Menschheit einiges gekostet, bis die Männer der ökonomischen Wissenschaft jene abstrakte Bestimmung des Werts gefunden hatten, deren Charakter dann Marx näher beleuchtete. Deshalb weist er darauf hin, dass es „ein ungeheurer Fortschritt" gewesen sei, wenn Adam Smith

„jede Bestimmtheit der reichtumerzeugenden Tätigkeit" fortwarf und „Arbeit schlechthin, weder Manufaktur- noch kom-

---

61   Marx 1983, S. 38.

merzielle, noch Agrikulturarbeit, aber sowohl die eine wie die andre" als solche identifizierte.[62]

Kurz zitiert etwas später den unmittelbar sich anschließenden Satz (wobei es ihm anscheinend nur ankommt auf die – von ihm hervorgehobene – Verwendung des Ausdrucks „abstrakte Allgemeinheit" durch Marx), versehen mit einer sein borniertes Verständnis recht hübsch entblößenden Vorbemerkung:

> „Die abstrakt bleibende Allgemeinheit der Arbeit ist gerade die spezifische, irrationale Gesellschaftlichkeit der Warenproduktion. In diesem Sinne spricht Marx im ‚Rohentwurf‘ von 1857/58 bereits ausdrücklich von der spezifischen Allgemeinheit der warenproduzierenden Arbeiten, die eine abstrakte, getrennte ist und als solche bewusstlos in der Widerspiegelung der bürgerlichen Verhältnisse durch Adam Smith erscheint: ‚Mit der *abstrakten Allgemeinheit* der reichtumschaffenden Tätigkeit nun auch die Allgemeinheit des als Reichtum bestimmten Gegenstandes, Produkt überhaupt oder wieder Arbeit überhaupt, aber als vergangene, vergegenständlichte Arbeit‘" (70)[63].

Als hätte er die engsichtige Blasiertheit erlösungssüchtiger Sozialkritik von heute vorausgeahnt, fügt Marx, die Leistung des „bewusstlosen" Smith unterstreichend, noch hinzu:

> „Wie schwer und groß dieser Übergang, geht daraus hervor, wie Ad. Smith selbst noch von Zeit zu Zeit wieder in das physiokratische System zurückfällt."

Die abstrakte Allgemeinheit der „Arbeit schlechthin" ist freilich nicht nur die durch „eine sehr entwickelte Totalität wirklicher Arbeitsarten" (Marx) möglich gewordene, gleichwohl mehr als bloße Anschauung erfordernde Denkleistung der Ökonomen, sondern entspricht außerdem einer gesellschaftlichen Praxis, in welcher, wie Marx weiter ausführt,

> „die Individuen mit Leichtigkeit aus einer Arbeit in eine andere übergehen und die bestimmte Art der Arbeit ihnen zufällig,

---

62 Ebenda. Was Marx an dieser inzwischen gern zitierten Stelle aus den Überlegungen zur Methode seiner Kritik nur knapp zusammenfasst, findet man näher ausgeführt in Marx 1990 (s. dort den Abschnitt „Historisches zur Analyse der Ware", S. 37ff).

63 Kurz zitiert Marx 1983, S. 38; Hervh. von R.K.

daher gleichgültig ist. Die Arbeit ist hier nicht nur in der Kategorie, sondern in der Wirklichkeit als Mittel zum Schaffen des Reichtums überhaupt geworden und hat aufgehört, als Bestimmung mit den Individuen in einer Besonderheit verwachsen zu sein.‟[64]

Eine solche Praxis nun wie Kurz ohne weiteres als „irrational‟ zu bezeichnen – wie soll man solches anders nennen als hochgradig borniert? Zumal Kurz – das Komma zwischen den Attributen „spezifisch‟ und „irrational‟ erzwingt diese Interpretation – die Irrationalität für das Spezifikum der unter seine Anklage gefallenen Warenproduktion erklärt. Nicht eine ihr zukommende spezifische Irrationalität wird behauptet (darüber ließe sich reden, wenngleich die keinesfalls derart unmittelbar als die einfachste, abstrakteste Kategorie des Ganzen zu Gebote stünde, die es bloß noch mit Hilfe irgendwelcher philosophischer Kunststückchen auszudeuten gälte); vielmehr bezeichnet Kurz hier Irrationalität als die spezifische Eigenschaft, die Warenproduktion von früheren gesellschaftlichen Formen unterscheidet: Fred Feuerstein und seine Faustkeile lassen grüßen! – Doch ich habe vorgegriffen, gerate ins Plaudern, und wir verpassen darüber noch des Großen Roberto Breves grandiose Nummer: den Auftritt seines „Phänomens‟. Der wird uns sogleich hinreichend darüber ins Bild setzen, dass es sich bei meiner Interpretation des vorweg zitierten Kurzschen Urteils über die Spezifik von Warenproduktion leider nicht bloß um ungerechte, etwaige Schlampigkeit der Interpunktion ausbeutende Pedanterie handelt.

Was hier freilich zuvor noch festgehalten werden sollte, ist dies: Als Substanz des Werts und insofern abstrakte ist die Allgemeinheit der Arbeit nicht, wie Kurz sich ausdrückt, „bleibende‟, sondern einerseits *gewordene*, nämlich historisch gewordenes Resultat, andererseits und entscheidender aber, als dieses Resultat wiederum bloß Moment, präziser: *Ausgangspunkt*, eines neuen Werdens, das eben nicht bei dieser Abstraktion stehenbleibt; sie ist mit einem Wort der historisch gewonnene Ausgangspunkt der modernen Ökonomie: Das Allgemeine der Arbeit, zunächst nur bestimmt im Gegensatz zu ihrer Besonderheit und Einzel-

---

64   Marx 1983, S. 38f.

heit (nicht zu ihrer ja noch gar nicht entwickelten konkreten Allgemeinheit), insofern in der Tat abstrakt, „bleibt" nicht abstrakt, sondern bildet den Ausgangspunkt der Entwicklung des konkreten Ganzen, geht also fort zum Tauschwert, zum Geld, weiter zum Kapital und *wird* so erst konkret Allgemeines.

Phänomenaler Showdown:
die Allgemeinheit der Arbeit „real getrennt"

Robert Kurz indes hat sich – mit hochgeistiger Hilfe – schon einmal tieferen Einblick verschafft in jenes konkrete Ganze, glaubt daher zu wissen, wie es beschaffen ist und woran die aus dem Marxschen Werk von ihm zutage geförderten Banalitäten ihre Kräfte erproben und Bedeutung gewinnen können, auf dass ein ordentliches „Phänomen" aus ihnen werde. Und weil das Publikum schon wieder ziemlich nervös ausschaut und unruhig wird, beeilt er sich, seine sensationellen Eingebungen nun endlich bekanntzugeben.

„Aufgrund der bisherigen Erörterung" – also aufgrund der Ausbreitung Kurz-Helgelscher Weisheiten über abstrakte und konkrete Allgemeinheiten an und für sich –, so wird uns offenbart,

> „wäre für die gesellschaftliche Allgemeinheit der Arbeit festzuhalten, dass ihre konkrete Allgemeinheit den Reichtum der vielen besonderen nützlichen Arbeiten, die wirkliche Totalität der gesellschaftlichen Arbeit ‚in sich fasst' und nicht davon abgetrennt ist."

Das leuchtet wohl unmittelbar ein – übrigens auch ohne allerhand nett gemeinte Hinweise auf Blumen, Bäume, den Begriff der Pflanze und das System von Linné, mit deren Langeweile der fundamentale Zampano uns vorher noch fast vergrault hätte. Und auch, dass hiermit ein wirklich aller Ehren würdiger Maßstab gefunden ist, an dem die schnöde Welt der kapitalistischen Waren gemessen werden kann, was denn auch sofort geschieht:

> „Abstrakte Allgemeinheit der gesellschaftlichen Arbeit aber bedeutet umgekehrt genau dies, dass nämlich die gesellschaftliche Allgemeinheit der Arbeit (oder kurz ihre Gesellschaftlichkeit als solche) real *getrennt* ist von diesem inhaltlichen Reichtum

der besonderen nützlichen Arbeiten in ihrer Vielfalt der konkreten gesellschaftlichen Arbeitsteilung."

Ich habe oben (S. 61) schon einmal darauf hingewiesen, dass die Kurzsche Berufung auf die „konkrete gesellschaftliche Arbeitsteilung" ohne Entwicklung ihrer wirklichen Bestimmungen, (also mindestens Wertgröße, Wertform bzw. Tauschwert, Preis und Geld – wenn man zunächst nur ihre erste Totalität als einfache Zirkulation der Waren betrachtet) bloß konfuse Abstraktion ergibt. Aber nehmen wir probeweise einmal an, das konkrete Ganze der gesellschaftlichen Arbeitsteilung wäre bereits entwickelt. Was hätte Kurz uns dann mit dessen Hilfe über sein „Phänomen" mitgeteilt? Offensichtlich nicht mehr, als dass die abstrakte Allgemeinheit der gesellschaftlichen Arbeit vom konkreten Ganzen ihrer Teilung, d.h. aber von ihrer konkreten Allgemeinheit, „getrennt", sogar „real getrennt" sei. Er hätte, mit anderen Worten, gesagt entweder bloß, dass die abstrakte etwas *anderes* sei als die konkrete Allgemeinheit der Arbeit oder – was das Adverb „real" vielleicht nahelegen würde: dass die abstrakte Allgemeinheit der Arbeit gar keine Bestimmung des konkreten Ganzen, d.h. gar nicht von dieser Welt sei. In jedem Fall aber hätte er sein „Phänomen" nicht im geringsten näher oder anders bestimmt, als es zuvor schon bestimmt war, ihm also nichts von der „Seltsamkeit" genommen, die ihn in den Gefilden Hegelscher Terminologie offenbar vergeblich Aufschluss erhoffen ließ.

Bevor wir jedoch endgültig abheben in den Orbit, aus welcher Entfernung allein solche (gelinde gesprochen) selber vollkommen abstrakten Statements über das „Reale" und seine Macken irgend plausibel werden, müssen wir uns vielleicht kurz erinnern, an welcher Stelle der Marxschen Untersuchung der Meister mit seinem Obskurantismus hereingeplatzt war.

Marx war ausgegangen von einem bestimmten realen Zusammenhang: dem „Reichtum", wie er in kapitalistischen Gesellschaften erscheint, und begann mit der Untersuchung seiner „Elementarform", der Ware. Der Zusammenhang selbst in seiner konkreten Gestalt wird also zunächst nicht betrachtet, wenn auch von vornherein klar ist, dass es ihn gibt und er sich an der

Ware, eben weil sie seine Elementarform darstellt, in irgendeiner Weise ausdrückt. Von der Allgemeinheit der Arbeit oder ihrer „Gesellschaftlichkeit als solcher", wie sie sich „real" darstellt, ist überhaupt noch nicht die Rede (erst recht nicht übrigens von der wirklichen Totalität der warenproduzierenden Gesellschaft, mit der Kurz uns gleich auch noch kommt). Wie sich der Zusammenhang an der Ware ausdrückt, das ist Gegenstand von Wertbestimmung und Wertformanalyse. Damit ist er dann zwar schon ein Stückweit charakterisiert, aber noch lange nicht als „realer", d.h. konkreter entwickelt. Aber so weit waren wir noch gar nicht. Insbesondere die Formanalyse des Werts hatte Kurz ja als „sekundär" aus seinen Erwägungen von vornherein verbannt. Wir waren bei der Wertbestimmung an der einzelnen Ware, d.h. bei dem, was ihr Wertsein an sich ausdrückt: bei ihrem Dasein als gegenständlicher Ausdruck allgemein menschlicher oder abstrakter Arbeit. Wie die Ware als Körper von (bestimmtem) Gewicht zum Beispiel Ausdruck der Schwerkraft ist, so drückt die Tatsache, dass sie einen (bestimmten) Wert hat, aus, dass ihre Herstellung, also ihr bestimmtes gegenständliches Dasein, menschliche Arbeit (in bestimmter Menge) kostet. Und wie ferner in den Arbeiten die verschiedensten Naturkräfte (dem Menschen unmittelbar eigene oder ihm angeeignete) dienstbar gemacht sind und zum Ausdruck kommen in ihrer Wirkung auf die Gebrauchswertgestalt der bearbeiteten Gegenstände, so in deren Wertsein die Tatsache, dass jene Kräfte von Menschen, Individuen ein und derselben menschlichen Gattung in Bewegung gesetzt wurden. Die Schwere des Warenkörpers (wie seine übrigen Natureigenschaften) und die in der Arbeit mobilisierten Naturkräfte sind hier nicht weniger abstrakte Bestimmungen an den Waren bzw. den sie produzierenden Arbeiten, als es die Gleichheit der Waren als menschliche Produkte bzw. der Arbeiten als Lebensäußerung von Menschen ist.

Die Abstraktheit der allgemeinen Bestimmung der Schwere führt aber bekanntlich nicht dazu, dass sie etwa „real getrennt" existierte vom „inhaltlichen Reichtum" der besonderen Warenkörper. Was jedoch in den Naturwissenschaften als ausgemachter Blödsinn sofort ins Auge springt, erfreut sich unter sozialkritisch ambitionierten Geistern heutzutage oft um so größerer Wertschätzung. So hören wir also, Marx nenne die abstrakte Bestimmung der Arbeit, abgesehen von ihrer besonderen Nützlichkeit Verausgabung gleicher menschlicher Arbeitskraft zu sein, deshalb abstrakt (wir sind wie gesagt immer noch bei der einzelnen Ware), weil sie „real *getrennt*" sei von eben jener Nützlichkeit. Es wird hiernach immerhin schlüssig, warum Kurz das wirkliche Wertformproblem, die Analyse des Tauschwerts, für „sekundär", d.h. nebensächlich erachtet. Wenn nämlich bereits an der einzelnen Ware, bzw. der sie produzierenden Arbeit ihr spezifisch gesellschaftlicher Charakter tatsächlich „real getrennt" vorläge, also selbständigen Ausdruck hätte, dann wäre eine von der Naturalform der einzelnen Ware unterschiedene besondere Wertform ohne Frage bloß zusätzliches, um nicht zu sagen überflüssiges Beiwerk. Jedoch tut uns die Ware natürlich in Wahrheit nicht den Gefallen, ihr Wertsein an sich selbst, als einzelnem, realem Ding zu offenbaren. Wie wir sie auch betrachten, sie zeigt uns immer ihre Gebrauchswertseite; oder, wie Marx sagt: Man mag sie „drehen und wenden, wie man will, sie bleibt unfassbar als Wertding." Um die Natur ihres Wertseins zu bestimmen, war es nötig, sie mit Hilfe des spezifischen Werkzeugs der ökonomischen Analyse, der Abstraktionskraft des Verstandes, zu sezieren, ihr reales Dasein gedanklich aufzuheben.

Dass alle anderen Methoden versagen, liegt aber nicht am Charakter der Bestimmung als Abstraktion überhaupt, sondern an der bestimmten Art der Abstraktion, am Charakter, an der Eigentümlichkeit dessen, was wir in der Abstraktion übrig behalten. Wir können beispielsweise das Gewicht einer Ware, sagen wir einer Tüte Äpfel, bestimmen und feststellen, dass sie drei Kilogramm wiegt. Eine solche Angabe wäre kein bisschen weniger abstrakt, als die, dass die Äpfel drei Euro kosten oder ihre Erzeugung einer durchschnittlichen Arbeitskraft, sagen wir, dreißig Minuten Arbeitszeit. Auch der Weg, wie beide Bestimmungen ermittelt werden, ist ähnlich. Zur Bestimmung ihres Gewichts wurden die Äpfel (ich habe sie der Anschaulichkeit halber auf dem Wochenmarkt gekauft) ebenfalls mit einem anderen Gegenstand (etwa einem Eisenkörper) in geeigneter Weise verglichen und so auf eine beiden gemeinsame Eigenschaft, ihre Schwere (physikalisch: ihre Masseeigenschaft), reduziert. Diese kommt aber beiden Gegenständen schon an sich als natürlich-physikalischen Gegenständen zu. Die Gegenstände sind an sich schwer. Die Bestimmung der „durchschnittlichen Arbeitskraft" dagegen, deren Verausgabung ihre Gemeinsamkeit als Werte ausmacht, ist allein aus der Sphäre der gegenseitigen Beziehung der arbeitenden Menschen zueinander zu gewinnen, hat also mit ihrer natürlichen Gegenständlichkeit nichts zu tun. Es werden hier nicht die Arbeitsprodukte an sich als Gegenstände verglichen und reduziert auf eine ihnen als solchen eigentümliche gemeinsame Eigenschaft, sondern die sie produzierenden Menschen auf die Gemeinsamkeit ihres Arbeitsvermögens überhaupt.[65]

---

65   Vgl. Marx 1970, S. 71. Marx benutzt diese Analogie zur Verdeutlichung des Gehalts der Äquivalentform. Es ist ganz aufschlussreich, im Kontrast dazu zu sehen, wie H. G. Backhaus in seinen Bemühungen um die „Dialektik der Wertform" mit der gleichen Frage umgeht. „Stets hat man sich" schreibt er, „den strukturellen Unterschied zwischen dem ‚Maßstab' des Werts und dem Maßstab einer natürlichen Eigenschaft zu vergegenwärtigen." (Backhaus 1969, S. 142) Statt aber den wirklichen, vom wesentlich verschiedenen *Inhalt* dessen, *was* gemessen wird, herrührenden Unterschied zu bezeichnen, behauptet er einen Unterschied der (gänzlich leeren) Struktur – insofern konsequent, als er ja, wie gezeigt (vgl. oben, S. 58ff) sich von Anfang an geweigert hat, den Inhalt der Marxschen Wertbestimmung zur Kenntnis zu nehmen, wofür ihm entsprechendes Lob von Kurzens Seite zuteil wird. Der Backhaussche „strukturelle Unterschied" besteht nun einfach darin, dass er den Vorgang des Messens selbst erst gar nicht in den Blick nimmt: „So wird ein Liter Wasser als Gewichtsmaß Kilogramm genannt. Ein Quantum Wasser wird als Einheit von Schwere definiert. Das bedeutet aber keineswegs, dass die Schwere eines Dings in der räumlichen Dimension des Wassers ‚erscheint' und sich ‚realisiert'. Das Ding als ‚Vergegenständlichung' von Schwere steht zum wirklichen Wasser nicht in einem dialektischen Verhältnis dergestalt, dass das Ding als Schwere mit dem Wasser als einer raumerfüllenden Erscheinung identisch und zugleich als ein qualitativ bestimmtes Etwas von ihm verschieden ist. Das Ding ‚entzweit', ‚verdoppelt' sich nicht etwa in ‚Träger' von Schwere und Wasser – es ist nicht zugleich es selbst und sein Anderes. Eben in dieser Weise aber ist die Beziehung von Ware und Geld beschaffen. …" Wir

Ihre Wertbestimmung, ihr Dasein als vergegenständlichte abstrakte Arbeit bleibt also „unfassbar" an der einzelnen Ware, weil sie eben nicht „real getrennt" an ihr vorliegt, aber sie ist gleichwohl reale Bestimmung an ihr, denn die Ware ist tatsächlich nicht einfach besonderer, von besonderer Arbeit erzeugter Gegenstand, sondern menschliches Produkt, d.h. aber Produkt gesellschaftlich produzierender Menschen. Es ist Realität, dass ihre Herstellung im Durchschnitt soundso viel menschliche Arbeitszeit kostet. Realität zwar, aber eine nur gesellschaftliche, welche die Ware als einzelnen Gegenstand nicht berührt. Ob die Herstellung des einzelnen Tisches viel oder wenig Arbeit gekostet hat im Verhältnis zum gesellschaftlichen Durchschnitt, ändert nichts am bestimmten Dasein des fertigen Tisches. Jene Realität kann daher nur dort zum Ausdruck kommen, wo die Ware in ihrer spezifischen Rolle als gesellschaftlicher Gegenstand sich betätigt, d.h. im Austauschverhältnis mit anderer Ware. Wie sie sich dort zeigt, das erst liefert ersten Aufschluss über die be-

---

wissen danach, was „das Ding" bei der Gewichtsbestimmung alles *nicht* tut, wie die Struktur des Wiegens *nicht* aussieht – wir wissen also eine ganze Menge *nicht*, doch was *wissen* wir damit? Tatsächlich hat Backhaus hier gar kein Ding gemessen; eine Beziehung zwischen Dingen, wie er sie anschließend für Ware und Geld reklamiert, stellt er nicht vor. Er hat bloß ein fürs Messen eines Dinges notwendiges anderes Ding als Maß, aber außerhalb seiner wirklichen Betätigung als solches, also einen bloß potentiellen, vollkommen abstrakten „Maßstab" – beschrieben kann man gar nicht sagen, vielmehr *nicht* beschrieben. Er hat also näher betrachtet überhaupt nichts gesagt. Es kann dies als exemplarisch dafür gelten, wie manche Leute des '60er Marxismus-Revivals, die sich für besonders kritisch hielten, glaubten auf dem Gebiet der harten Naturtatsachen der Dialektik entkommen zu können, um in der so gesicherten Exklusivität ihres angestammten Terrains der Sozialkritik dann um so ungenierter mit ihr als bloß respektheischender vermeintlicher Geheimwaffe für Eingeweihte nur noch zu drohen. Solches Gehabe hat fortan als Muster gedient, nach welchem inzwischen alle möglichen Wundertüten, die nun wirklich nur noch zuckersüße Nichtigkeiten enthalten, unter immer neuen, kryptisch sich spreizenden Namen durch die sozialkritischen Diskurse gereicht werden.

sondere gesellschaftliche Form der Arbeit und ihrer Teilung als Produktion von Waren.[66]

Die Pointe des Kurzschen „Phänomens" hat sich demnach aufgelöst in flachste Mutmaßungen über verschiedene Allgemeinheiten der Arbeit, die vergeblich einer „historischen Besonderheit" der Warenform nachjagen, weil sie gar nicht erst in Erwägung ziehen, auch nur *deren* konkretes Ganze den winzigsten Schritt hinaus über die abstraktesten Bestimmungen „der einzelnen Ware" näher zu entwickeln, geschweige denn den aus dieser seiner Zellform sich aufbauenden besonderen Organismus. Statt dessen greifen sie die abstrakteste, folglich allgemeinste Bestimmung seiner Analyse heraus und nehmen sie für das Ganze. Dessenungeachtet gebiert solches leere Räsonieren mit einer gewissen Zwangsläufigkeit, wie aus sich selbst heraus, jede Menge abschließende Erkenntnisse darüber, wie die Gesellschaft im Besonderen beschaffen sei und was Marx von ihr gehalten habe, die aber näher besehen sich halt erweisen als einfache Fortschreibungen des immer gleichen vorgefassten Urteils: Die warenproduzierende Gesellschaft sei im tiefsten Grunde ihres Wesens ein die menschliche Vernunft und den guten Geschmack, welche in aller sonstigen Geschichte zu walten scheinen, beleidigendes Monstrum. Und nur weil sie in dieser landläufigen Form keinen Stoff für dem Alltagsbewusstsein sich überlegen dünkende Diskurse abgibt, wird Marx zum Zeugen dieser postmodernen Spießbürgerweisheit verballhornt:

> „Es geht Marx also darum, dass die warenproduzierende Gesellschaft die wirkliche Totalität ihrer arbeitsteiligen Gesamtproduktion nicht als konkrete Allgemeinheit ‚hat', dass sie nicht imstande ist, den ‚Reichtum des Besonderen' als gesellschaftliche Allgemeinheit der Arbeit ‚in sich zu fassen'." (69f)

Indem Kurz vorstehende Deutung des Marxschen Kaffeesatzes erstens („also") folgert aus seinen vorangegangenen Erläuterungen zur *abstrakten* Allgemeinheit der Arbeit und zweitens

---

66 Als einzelne zeigt die Ware sich natürlich auch als gesellschaftlicher Gegenstand, weil überhaupt als menschliches Produkt, aber als gleichgültig gegen die spezifische gesellschaftliche Form, in der die Menschen sie produzieren.

„die wirkliche Totalität ihrer arbeitsteiligen Gesamtproduktion"
hier der „warenproduzierenden Gesellschaft" *entgegensetzt*, hat
sich ihm unversehens diese selbst in eine Abstraktion verwandelt, von der zu sagen, sie fasse den Reichtum des Besonderen
nicht, d.h. sie sei nicht konkret, natürlich bloß eine Tautologie
darstellt. Mehr von der Kritik eines „seltsamen Phänomen" zu
erwarten, hieße allerdings Wunderdinge verlangen. Aus der Abstraktion, in die Kurz sich verbissen hat, ohne recht zu wissen,
woher sie auf ihn gekommen ist, lässt sich beim besten Willen
nichts Gescheiteres herausquetschen, solange man sie immer
sogleich für das Ganze des gesellschaftlichen Zusammenhangs
nimmt.

Exkurs: Wertkritik als „Vollzug unausweichlicher Einsichten"

Nicht diese tautologische Wichtigtuerei ist aber das wirklich
Ärgerliche an der Kurzschen Vorstellung und reizt zum Widerspruch. An solcher herrscht auf allen Seiten keinerlei Mangel,
und niemand hätte ihr vermutlich irgendwelche Beachtung ge-
schenkt, wenn sie nicht – mit beachtlichem Geschick – vor allem
in den Dienst einer Message gestellt wäre: der Mobilmachung
gegen die schon erwähnte, als Spezialität von Warenproduktion
ausgemachte „Irrationalität". So liest Kurz jene Stelle, wo Marx
im „Kapital" die Bestimmung der abstrakten Arbeit zum ersten
Mal entwickelt und davon spricht, dass an der allein nach ihrer
wertsetzenden Seite betrachteten Arbeit ihre sinnliche Beschaffenheit „ausgelöscht" sei, allen Ernstes so, als würde diese damit buchstäblich abgemurkst, als wäre es also im Kapitalismus
an sich völlig wurscht, in welcher Weise und ob überhaupt die
Arbeiten konkret nützlich sind, und der pure Zufall oder sonst
ihm äußerliche Gründe sorgten dafür, dass wir dennoch in ihm
nicht ausnahmslos verhungern und erfrieren. (Ich will jetzt gar
nicht näher danach fragen, wie wohl das Kapital, das ja ein Produktionsverhältnis ist, auch nur einen Tag überlebt hätte, wenn
es nicht nach bestimmten Regeln dafür sorgte, dass es seine

Elemente, Arbeitskräfte und Produktionsmittel, in angemessenen Proportionen und verwertbarem Zustand jederzeit auf dem Markt vorfindet).[67]

Wer derart, die blanke Ahnungslosigkeit davon, wie die ungeliebte Welt konkret beschaffen ist, zum theoretischen Prinzip erhebend, ihren heraufziehenden Untergang predigt als die erste und letzte Gelegenheit, sie sich vom Hals zu schaffen und durch eine angeblich bessere zu ersetzen, der mag wohl höchstpersönlich keine bösen Gedanken dabei haben – für den praktischen Vollzug solcher Weltrettungsaktion, wenn sie denn, was der Weltgeist oder sonst eine befugte Instanz verhüten mögen, wirklich an der Zeit sein sollte, wären sowieso Figuren etwas anderen Kalibers zuständig. Gleichwohl lädt er sich theoretisch allerhand Verantwortung auf (sofern Theorie überhaupt etwas zählt), zumal jemand, der eine allgemeine „sekundäre Barbarisierung" im Anzug sieht – und zwar keineswegs bloß theoretisch. Dass die

---

67   Vgl. 71. In einer seiner ersten Buchveröffentlichungen als Wertkritiker wird diese Sicht auf die Wirklichkeit zu einem richtigen kleinen Gruselstück aufgepustet. Da tritt dann der kapitalistische Warenproduzent auf als der böse Mr. Hyde, der „kaltlächelnd … Ausschussproduktion an den Mann bzw. die Frau zu bringen versucht", und den „allein die Konkurrenz" zusammenzwingt mit seinem Dr.-Jekyll-„alter ego als Konsument" und dadurch eine etwas glücklichere „Verlaufsform" der Katastrophe zuwege bringt (Kurz 1991, S. 102f). Was hier zur Erklärung der Abweichung des wirklichen Ganges der Dinge von ihrem vorher schon festgenagelten Wesen herangezogen wird, ist selber aber bloß eine ihrer Erscheinungsformen und gehört daher zu dem, was erklärt werden müsste, denn natürlich wirkt die Konkurrenz ebenso gut in genau entgegengesetzter Richtung auf die kapitalistische Produktion, als Kurz hier ausgemacht hat. Nicht gerade selten zwingt erst sie Unternehmen, die zuvor eine relative Vormachtstellung auf dem Markt hatten und sich daher den Luxus erlauben konnten, nur beste Qualität zu liefern, weil die Kundschaft jeden Preis bezahlt hat, dazu, ihre Produkte zu verbilligen, unter Umständen soweit, dass zwar nicht gerade unmittelbarer, aber doch zeitlich absehbarer Schrott verkauft wird. Mit der Konkurrenz lässt sich also alles, d.h. nichts erklären, und die kritische Darstellung des Kapitalismus hätte daher vielmehr aufzuhellen, nach welchen von ihr verborgenen Gesetzen diese in sich widersprüchliche Erscheinungsform an ihm sich entwickelt.

artig halt machte vor jener „Bewegung", der er die „Aufhebung" der bösen Abstraktionen zugedacht hat, wird auch ein Robert Kurz nicht ernsthaft glauben. Die theoretische Barbarisierung (hier der Marxschen Wertformkritik) durch solchen (wertkritischen) Fundamentalismus, wie wir ihn inzwischen näher kennengelernt haben, dürfte für die praktische jedenfalls kaum ein Hindernis sein.

Es macht die Sache natürlich nicht besser, wenn solche Fundamentalkritik auch noch den Biedermann hervorkehrt und, mit dem abgegriffensten Argument aus der Mottenkiste der Apologetik des Status quo herumfuchtelnd, lamentiert, es gelte sich gegen eine „negative, zerstörerische Potenz" (58, 60, 79) zu stemmen. Wenn das die Quintessenz dessen ist, was der Fundamentalismus gegen „den Wert" vorzubringen hat, bin ich geneigt, mich auf die Seite des Bösewichts zu schlagen. Jedenfalls verrät seine fundamentale Kritik an solchen Stellen, wes Geistes Kind sie in Wahrheit ist. Auch sie träumt jene „ebenso reaktionäre[n] wie illusionistische[n] Entgesellschaftungs-Träumereien"[68], die sie der übrigen Linken leichtsinnig vorgeworfen hat, eher, als dass sie die konstatierte Krisis des Weltzustands als Geburt einer neuen geschichtlichen Epoche konkret zu denken wagte. Die Gravitation der zu Recht von ihr gegeißelten „Erbärmlichkeit" der Linken übersteigt allem Anschein nach auch ihre fundamentale Fliehkraft bei weitem.

Wo der wissenschaftliche Nachweis der *Gegensätzlichkeit* aller Formen kapitalistischer Vergesellschaftung heruntergebracht wird auf die buchstäblich primitive Beschwörung ihres sogenannten „zerstörerischen Charakters", da werden zwangsläufig diffuse Sehnsüchte geschürt nach Sistierung der Gegenwart oder Rückholung einer besseren Vergangenheit. Das Entwicklungsmoment der Sache, ihre Negation an ihr selbst, erscheint nur noch als grauenhafte Drohung. Die gesellschaftlichen Verhältnisse fallen auseinander in die böse Tat und das Objekt ohnmächtigen Erbarmens:

„Die abstrakte Arbeit als getrennte, abstrakte Allgemeinheit oder Gesellschaftlichkeit hat den Charakter einer tatsächlichen

---

68   Editorial MK 1, S. 4.

(und in der Konsequenz zerstörerischen) *Reduktion* auf Unterschiedslosigkeit, auf ‚Auslöschung' der sinnlich-konkreten Nützlichkeit, auf die rein physiologische Abstraktion der Verausgabung von Nerv, Muskel und Hirn etc., die absurderweise allein als die Gesellschaftlichkeit der Arbeit erscheinen kann." (71f)

Es ist dies an sich die Haltung der romantischen oder pessimistischen Kulturkritik, und als solche besitzt sie sicher genug Glaubwürdigkeit, um zumindest ernstgenommen zu werden. Was sie gegebenenfalls verhindert, ganz praktisch umzukippen vom Erbarmen zur wirklich bösen Tat, liegt freilich allein in der Bewahrung eines Stücks Erinnerung an die Abkunft jener sie hin- und her reißenden Abstraktionen von der in sich selbst widerstreitenden Sache. Wo dieses Bewusstsein gänzlich abgestorben ist, da gibt es prinzipiell kein Halten mehr. Es ist präzise diese Bewusstlosigkeit, die schließlich die wirklich bloß noch grauenhafte Zerstörung heraufbeschwört. Aus wohlüberlegtem Grund also belässt es die reflektiertere Kulturkritik meist beim ohnmächtigen Erbarmen und lässt sich nicht einfallen, etwa zur guten Tat aufzurufen. Die Kurzsche Wertkritik dagegen ist hierin völlig bedenkenlos:

Die Gesellschaftlichkeit der Arbeit sei nur mehr die absurde, sächliche Tat, morde die „sinnlich-konkrete Nützlichkeit" zur „Unterschiedslosigkeit" toten organischen Materials (wo bei Marx immer von Verausgabung, d.h. Betätigung *menschlichen* Hirns, Nervs usw. die Rede ist, da werden bei Kurz entseelte Organe veräußert). Soweit die Arbeit lebendig, sinnlich ist, hier also: menschlich, wäre sie ungesellschaftlich, und zwar nicht nur im Moment ihrer ersten Bestimmung an der einzelnen Ware (wo Kurz dies freilich vorhin übersehen hatte), sondern überhaupt. Kapitalistische Vergesellschaftung wäre demnach nicht nur eine durch und durch mörderische Veranstaltung, in der das Menschliche sich verwiesen sähe an eventuell noch nicht von ihr „reduzierte" Refugien; sie ließe außer dieser mörderischen Gesellschaftlichkeit auch keine andere zurück, an die das menschliche Wesen sich klammern könnte. Die gute, die menschliche Tat hätte sich daher gegen die Gesellschaftlichkeit und Geschichtlichkeit des Menschen überhaupt zu richten, gegen die Unumkehrbarkeit seines bestimmten, geschichtlich gewordenen, gesellschaftlichen Daseins. Sie wäre also wahrhaft selbstmörderisch.

Diese Konsequenz zieht Kurz natürlich nicht, legt sich nicht einmal Rechenschaft ab über das Dilemma seiner Tiraden gegen die der Menschheit (von wem auch immer) angetane „paradoxe Verkehrtheit" der Wertbestimmung, die ihre Gesellschaftlichkeit in eine Absurdität verwandele. Vielmehr predigt er unverdrossen

> „die theoretische und praktische Vorbereitung einer Revolution, die den Wert und damit das Geld liquidiert." (106)

Das wundersame Vehikel, das solch eine „Revolution" auf die Tagesordnung zu setzen vermag, sei eine „Krise des Kapitalismus", von der nur der transzendenten Geister unerforschlicher Ratschluss weiß, woher sie uns beschert wäre, denn da ja einerseits der Wert uns Menschenkinder schon immer „verkehrt" behandelt hat, wäre es kaum einzusehen, warum wir ausgerechnet jetzt, nachdem wir uns augenscheinlich an die Misshandlung einigermaßen gewöhnt haben, rebellieren sollten; andererseits aber wäre der Wert an sich selbst gegen alle Krisen allein deshalb gefeit, weil er als reine, absurde Negativität, als Krise schlechthin gewissermaßen, in jeder bestimmten Krise immer sogleich bei sich selbst wäre.[69] Die „Revolution" solcher fundamentalen

---

69   Der eine oder die andere Altvordere aus der Krisis-Gemeinde würde (falls man dies dort läse) hier vielleicht auf die Kurzsche Explikation der „Krise des Tauschwerts" (Kurz 1986) verweisen, mit der die fundamentale Wertkritik erstmals öffentlich sich zu Wort meldete. Dieser Hinweis ginge aber schon deshalb daneben, weil besagter Text von ganz entgegensetzten theoretischen Voraussetzungen ausgeht: Der Wert war dort zunächst völlig unproblematische Bestimmung der individuellen Arbeit und ihres Produkts und wurde erst krisenhaftes Moment im Verlaufe des Auseinandertretens von Arbeits- und Verwertungsprozess in der Entwicklung des Kapitalverhältnisses. Der Wert war also nicht an sich absurde, sondern, weil historisch vorübergehende, absurd *werdende* Bestimmung. Freilich wurde diese geschichtlich sich herausbildende Verkehrtheit des Werts (schon weil dieser von vornherein falsch

Wertkritik wäre also keine durch Kritik dem theoretischen Denken erschlossene Möglichkeit der gesellschaftlichen Wirklichkeit, sondern, wo nicht gedankenloses, bloßes Wortgeklingel, im weniger harmlosen Fall die Brachialgewalt jener guten Tat, die schon darum böse enden muss, weil sie am bestimmten lebendigen Dasein der Menschen keinerlei Halt mehr findet, vielmehr aus der schieren Verzweiflung daran geboren ist.

Wenn darum im vorliegenden Text noch etwas naiv der „Kommunismus" versprochen wird „als Aufhebung des Werts", die, mit dem „Zustand" abstrakter Arbeit aufräumend,

> eine „konkrete Allgemeinheit der Arbeit, wie wir sie einerseits in historischen nichtwarenproduzierenden Gesellschaften finden",

als postrevolutionäres Himmelreich „andererseits" wiederherstellt (71), so erinnert das nicht zufällig an jene Art sektiererischer Abwendung von der vorgefundenen Welt, die jede Rechtfertigung in ihrem Besitze wähnt, diese notfalls wirklich auszulöschen. Nicht so sehr, weil darin die Geschichte vom verlorenen und wiederzugewinnenden Paradies aufgewärmt würde; in der ließe sich wohl ein kräftiger Schuss historischer Wahrheit entdecken, sofern man sie nicht mit dieser bloß verwechselte. Aber die durch ihre Abstraktion hindurchgegangene Arbeit ist auf eine ganz andere Weise konkret als diejenige, die diesen Durchgang noch vor sich hatte. In den „historischen nichtwarenproduzierenden Gesellschaften" ist die Allgemeinheit der Arbeit so sehr oder so wenig konkret, wie sie arm ist an Besonderheit, denn sie hat sich noch kaum differenziert von ihrer Einzelheit, diese ist also noch gar nicht nach ihrer Allgemeinheit und Besonderheit entwickelt. Die Arbeit des bäuerlichen Produzenten der mittelalterlichen Dorfgemeinschaft etwa ist zwar insofern allgemein, als alle Mitglieder bäuerlich produzieren, aber diese Allgemeinheit fällt eben einerseits vollkommen zusammen mit ihrem Dasein als einzelne Produktion der bäuerlichen Fa-

---

bestimmt wurde – vgl. oben, S. 70, Fn.) eher spekulativ als konkret entwickelt und ist daher vage und zweifelhaft geblieben, so dass es wohl nahegelegen hat, die Sache abzukürzen und sie als nur mehr logisches Paradoxon ein für alle Mal zu erledigen.

milie, andererseits tritt sie dieser ganz äußerlich gegenüber in Gestalt des nichtarbeitenden Grundherrn, so sehr äußerlich, dass es einen großen Fortschritt für die Entwicklung der Produktion (nicht nur der bäuerlichen) bedeutete, als diese ihr – allerdings recht konkret – im Nacken sitzende Allgemeinheit sich in die Abstraktheit der Wertbestimmung verdünnisieren musste. Erst damit wurden Allgemeinheit und Besonderheit an der einzelnen Arbeit selbst unterschiedene Bestimmungen, wodurch sich auch erst das Problem ihrer „konkreten Allgemeinheit" stellte, d.h. einer Bewegungsform, die den Unterschied ihrer inneren Bestimmungen sowohl zur Geltung bringt als auch auflöst.

Die aus der Wertform entwickelte Geldform ist eine solche Bewegungsform, die aber, da sie die Arbeit nur erst äußerlich erfasst, ohne sie sich einzuverleiben, und ihre unterschiedlichen Bestimmungen nur darstellt als Unterschied bloßer Dinge, weitertreibt zur Kapitalform, sobald die entsprechenden Voraussetzungen entwickelt sind.[70] Wenn aber die zum Kapital fortentwickelte Geldform eine Bewegungsform ist, die den Widerspruch zwischen Allgemeinheit und Besonderheit der Arbeit ausagiert, ist sie natürlich bestimmte Form jener ominösen konkreten Allgemeinheit der Arbeit. Sie ist *eine* Form davon und zwar ihre erste, mit der Entwicklung des Widerspruchs selbst, der darin erscheint, spontan entstandene und folglich nicht absolute Form. Allein deshalb macht ihre Kritik überhaupt Sinn für jene Diskussion, die menschliche Geschichte immer noch für eine nach vorne offene Angelegenheit hält und so zugleich sie offen halten will.[71] Der Kurzsche Popanz einer abstrakten Allgemeinheit der

---

70   Vgl. dazu unten S. 124ff.

71   Die Reduktion der geschichtlichen Möglichkeiten auf die alte Losung „Sozialismus oder Barbarei" scheint mir freilich bestenfalls eine miserable Karikatur solchen Offenhaltens der menschlichen Zukunft zu bieten. Als Rosa Luxemburg vor bald hundert Jahren unter (fragwürdiger) Berufung auf Friedrich Engels diese Alternative aufmachte (Luxemburg 1974), hatten sowohl der Sozialismus als auch die Barbarei ein bestimmtes, sehr konkretes Gesicht und Programm, gebunden auch an diese Gegensätzlichkeit. Nach allem, was inzwischen passiert ist, lässt sich dieser Sozialismus von der Barbarei, die er bekämpfte kaum mehr klar unterscheiden, so dass von beiden heute nur noch die ne-

Arbeit als „Zustand" (71; so von ihm tatsächlich bezeichnet), der eine absurde Regelverletzung aller sonst herrschenden gesellschaftlichen Normalität darstelle, spottet hingegen naturgemäß jeder Kritik, er steht einfach außerhalb aller menschlichen (heute sagt man in Nürnberg dazu: sinnlichen) Vernunft, und diese wiederum bedarf nicht der Bewährung in der Kritik ihrer wirklichen Voraussetzungen, daher auch nicht der Selbstkritik ihrer geschichtlich überkommenen Gestalt, denn sie kennt gar keine Voraussetzungen und keine Geschichte.

Weder der „Kommunismus" noch gar das verlorene Paradies haben in dieser naiven Form die Reifung der fundamentalen Wertkritik zur sogenannten „Kritik der Subjektform" überlebt. Um so hemmungsloser aber darf mittlerweile die allgemeine, weltverachtende Missbilligung der vorgefundenen Zustände sich austoben, die darin die Menschen, in geistiger Umnachtung hinsichtlich der „Form" ihres Zusammenlebens, allerorts durch permanenten Sebstbeschiss hinters Licht geführt sieht. Die „Form" aber – wir dürfen davon ausgehen, dass man in Nürnberg immer noch jenes Gespenst für sie hält, das Robert Kurz Ende 1987 entdeckt hat, denn eine zweite „analytische Durchdringung" der Warenform, welche die vorliegende hätte korrigieren können, fand niemals statt – die „Form" also treibt heute ein gar neckisches Spiel mit uns Menschen: Während sie uns nämlich über sich selbst, also über die gespenstische Form schlechthin, im totalen Dunkel tappen lässt, gestattet sie uns gleichwohl allerhand

> „Konzepte, Einsichten, Ideen und Verfahrensweisen ... vom Verkehrssystem bis zur Müllentsorgung, die in einzelnen gesellschaftlichen Reproduktionszweigen den stofflich sinnlichen Erfordernissen auf der heutigen Höhe von Vergesellschaftung und Produktivkraftentwicklung Rechnung tragen."[72]

---

bulöse Abstraktion einer Abwendung des Untergangs der Menschheit übriggeblieben sind. Das Offenhalten der Geschichte, sofern es nicht frommer Wunsch bleiben soll, geböte aber doch wohl gerade, sich auf ihre Möglichkeiten konkret einzulassen, daher den Abschied von den Reminiszenzen solcher leer gewordener Abstraktionen.

72   Kurz 1993, S. 91.

Konkrete, d.h. wirkliche Formen gesellschaftlicher Reproduktion wären demnach immerhin in unserem Bewusstsein „längst … vorhanden". Darüber hinaus hört der Spaß jedoch auf. Denn

> „auf scheinbar unbegreifliche Weise können die von nahezu jedermann geteilten Einsichten nicht in die Tat umgesetzt werden, weil die nach wie vor bewusstlose allgemeine Form, … ihr" (1987:) „gespenstisch gewordenes Eigenleben weiterführt und die Menschen daran hindert, ihren Einsichten gemäß zu handeln."[73]

Alle irdische Vernunft würde einem hier raten, entweder ihr ganz zu entsagen und sich in die Obhut höherer Mächte zu begeben, die allein in der Lage scheinen, dem Gespenst Paroli zu bieten, oder sich die Formen – die besonderen ebenso wie jene allgemeine – genauer daraufhin anzusehen, warum sie nicht zusammenkommen wollen bzw. wie sie tatsächlich zusammengehören, also Allgemeines, Besonderes und Einzelnes endlich wirklich konkret zusammenzudenken, statt bloß vom konkret Allgemeinen zu *faseln*. Nicht so Robert Kurz. Der erweist sich jetzt endgültig als großer Illusionist: Die festgefahrene Lage löst sich in Wohlgefallen auf, indem man sie einfach nicht zur Kenntnis nimmt. Der „Formkerker" des Bewusstseins, der das richtige Handeln soeben noch geheimnisvoll zu verhindern schien, wird allein dadurch „gesprengt", dass man endlich – handelt, ohne Rücksicht auf Verluste: unter Berufung

> „nur auf den Vollzug partieller, aber unausweichlicher Einsichten".[74]

Solcher Art „Bewegung", könnte ich Robert Kurz ermuntern, hat in der Tat zur Zeit Konjunktur, vielleicht nicht unbedingt in Mittelfranken, aber mit Sicherheit zum Beispiel gut tausend Kilometer südöstlich davon.[75] Andererseits bin ich dankbar für jeden Tag, an dem hierzulande „die gesellschaftlichen Kräfte …

---

73 ebenda.

74 ebenda S. 93.

75 Anspielung auf die in den 90er Jahren im sich auflösenden Jugoslawien tobenden Bürgerkriege (Anm. zur Neuauflage 2014).

110

sich noch nicht formiert haben" für eine nach der Kurzschen Parole gestrickte „Aufhebungsbewegung", mit welcher dann

„höheres gesellschaftliches Bewusstsein und codiertes Lemmingbewusstsein gegeneinanderstehen."[76]

Wer indes, von dergleichen kurzen Aufhebungsphantasien mitgerissen, sich verständliche Sorgen machen sollte, später auf der falschen Seite zu stehen, der sei daran erinnert, dass namentlich in Deutschland das vorgeblich gegen niedere Instinkte kämpfende „höhere gesellschaftliche Bewusstsein" sich längst selbst als Lemming allererster Güte erwiesen hat. Eine „richtige" Seite, im Sinne größerer Überlebenschancen, dürfte es darum im Falle des Falles nicht unbedingt geben und die entsprechende Sorge zwecklos sein. Statt daher uns am Kurzschen Gegeneinander lange zu gruseln, kehren wir besser noch einmal zurück zu dessen mehr kritischen Anfängen. Es könnte immerhin sein, dass wir doch noch ein paar Anhaltspunkte darin finden, die zeigen, wie das „höhere gesellschaftliche Bewusstsein" sich in Grenzen halten und vielleicht sogar vermeiden lässt.

Arbeit und Geld – oder die Abstraktion als Gottseibeiuns

Die Kurzsche Ausbeute „des Hegelschen Doppelbegriffs von abstrakter und konkreter Allgemeinheit" ließ sich, wie wir sahen, dahin zusammenfassen, dass die abstrakte Allgemeinheit sich herausstellte als nicht ein konkretes Ganzes, sondern – wahrhaftig! – eine Abstraktion. Für die Bestimmung der Wertsubstanz als abstrakt-allgemein menschliche Arbeit folgt daraus an sich zunächst weiter nichts, als dass die verschiedenen besonderen Arbeiten, die den gesellschaftlichen Reichtum in der Form einer Vielfalt verschiedener Waren hervorbringen, in der Bestimmung, dass sie zugleich den Wert dieser Waren produzieren, nur erst abstrakt zusammengefasst sind. Das war im Grunde nur eine notwendige Konsequenz der Tatsache, dass ja

---

76 ebenda.

bereits der Wert, dessen Substanz zu bestimmen war, Ergebnis einer Abstraktion gewesen ist, nämlich der Abstraktion von der körperlichen Verschiedenheit der Waren als Gebrauchswerten. Diese Abstraktion führte auf etwas dem Austausch der Waren als bloß noch quantitativ verschiedenen, gleichartigen Dingen zugrunde liegendes, ihnen allen Gemeinsames: den Wert als ihre abstrakte Allgemeinheit. Die Bestimmung der Wertsubstanz gab nur darüber Auskunft, welcher Natur, aus welchem Stoff gewissermaßen, diese abstrakte Allgemeinheit denn ist. Bei Marx liegt daher die Pointe seiner Analyse weniger darauf, dass dieser Stoff sich selbstverständlich ebenfalls als abstrakt erweist; Bestimmungen abstrakt allgemeiner Natur finden sich, wie oben gezeigt, auch an den Waren als bloßen Gebrauchswerten. Der Witz der Marxschen Bestimmung der Wertsubstanz liegt vielmehr darin, dass der Stoff, aus der die Abstraktion gewonnen wird, im Gegensatz zu allen sonstigen, rein gesellschaftlicher Natur ist.

Was nun aber die abstrakte Allgemeinheit der Waren als Werte angeht, also als an gleichem, seinem Inhalt nach noch nicht näher bestimmtem Maß gemessene Gegenstände des Austauschs, so ist von vornherein klar, dass diese abstrakte Bestimmung an ihnen noch keineswegs das Ganze ihres wirklichen Daseins ausmacht, sondern nur sozusagen einen Fixpunkt bezeichnet, an dem dieses Ganze sich ausrichtet. Mit ihrer abstrakten Bestimmung als Werte allein ist der wirkliche Austausch der Waren weder erklärt noch gar praktisch in Gang gebracht. Vielmehr funkt darin aus gutem Grund immer schon unter den relativ einfach und durchsichtig gehäkelten Waren jenes schillernde, von jeher die Ökonomen in tiefe Grübeleien stürzende Etwas namens Geld dazwischen und scheint zum Beispiel in der Lage, die abstrakt allgemeine Herrlichkeit ganzer Legionen von Waren unter Umständen kurzerhand in Rauch aufzulösen, d.h. sie zu entwerten oder andrerseits ins Unermessliche zu treiben. Wollte man daher das Geld für bloß das handgreiflich-dingliche Dasein des Warenwerts, also der abstrakten Allgemeinheit der Waren, erklären, hätte man sich auf den ersten Blick wissenschaftlich lächerlich gemacht und sähe die ganze Reihe sich gegenseitig widersprechender Verhaltensweisen des Geldes in Bezug auf den behaupteten Wert der Waren gegen sich antreten, die schon die Vulgärkritik der politischen Ökonomie zur Genüge ausgeschlachtet hat. Man sähe sich dann entweder genötigt, sich dieser Vulgärkritik zu beugen und die Identität des Geldes mit dem Warenwert herzustellen einfach durch Beseitigung des Letzteren, also dadurch, dass man ein unter der Geldform verborgenes Gesetz des Warenaustauschs für unerforschliche Metaphysik erklärte; man wäre dann in der Tat beim Fetisch angelangt, denn man hätte dem Geld als ordinärem Ding die wunderbare Gabe verliehen, aus eigener Vollkommenheit für die Menschen den Wert ihrer Gebrauchsdinge zu schätzen. Im anderen Fall aber hätte man die Verschiedenheit selbst des Warenwerts von seinem „handgreiflichen Dasein" ins Auge zu fassen, also die Verwandlung, welche jener Inhalt im Werden zu dieser Form durchmacht.

Jedoch geht Robert Kurz, wie inzwischen hinreichend klar geworden sein dürfte, die Probleme von einer höheren Warte an. Das wirkliche Dasein der Waren, ihr Austauschprozess oder auch nur dessen Elementarform, der Tauschwert, spielen aus dieser Sicht keine irgendwie aufschlussgebende Rolle. Die Arbeit (erst konkret *und* abstrakt, dann *nur* abstrakt) begegnete ihm ganz unabhängig davon, nicht als Ergebnis bestimmter Analyse der Ware, sondern zunächst als „Problem" (wie man von ihr als einer nach ihrem Woher nicht näher befragten Gegebenheit zum gleichfalls aus unbekannter Spende erhaltenen Wert gelangen könne – einem geschenkten Gaul schaut man halt nicht ins Maul), später als glücklich gefundene „Definition"; und so autark, wie diese dahergekommen ist, zeigte sie sich in der Lage, nichts und daher ebenso gut alles zu „bedeuten". Das „Alles" aber erreicht, wie Kenner des Kurzschen Gesamtwerkes wissen werden, in dessen Sicht seinen Abschluss spätestens im *Geld*,[77]

---

77 Man achte zum Beispiel einmal darauf, wie Kurz den Terminus des „Geldkapitals" verwendet, der bei Marx immer das Kapital in spezifischer Form, eben in Geldform, im Unterschied etwa zum produktiven Kapital, aber auch zum Kapital im allgemeinen bezeichnet. (Näheres dazu findet sich vor allem im zweiten Band des „Kapital".) Bei Kurz steht es dagegen durchweg als bloß ein anderer Name für

genauer in der Anklage einer Allmacht des Geldes. Das Geld figuriert hier nicht als bestimmte gesellschaftliche Form, nicht als Form, die der wirkliche Austauschprozess der Waren notwendig annimmt, sondern als bloß „abstraktes Ding", d.h. als einfacher, handgreiflicher Beweis des Kurzschen „Phänomens".

Weil aber zu jenem „Zustand", den die fundamentale Wertkritik aufheben möchte, „Geld" ihr als letztes Wort einfällt, und darin eine ihm angehörige bestimmte gesellschaftliche Form dem Namen nach immerhin angesprochen ist; weil andererseits das „höhere gesellschaftliche Bewusstsein" wohl allenfalls zu retten wäre, wenn ihm doch noch dämmerte, dass eine höhere Stufe des gesellschaftliche *Seins* keine Angelegenheit tatendurstiger Einbildung ist, es einfach besser zu wissen und ganz anders und richtiger zu machen, sondern aus der Gestalt, in welcher es als geschichtlich konkreter Zusammenhang gegeben ist, ebenso konkret entwickelt sein will,[78] deshalb soll hier abschließend der fundamentale Blick aufs Geld eine nähere Würdigung erfahren. Man erwarte jedoch nicht, jetzt die Geldform in ihren Einzelheiten entwickelt zu sehen, denn sie ist eben bei weitem nicht abgetan mit jenem einzelnen Moment ihrer Entwicklung, das Kurz zu einer endgültigen Bemerkung über das Geld bloß breit walzt. Wirft man nur einmal einen Blick ins Inhaltsverzeichnis des ersten Bandes des Marxschen „Kapital" und bedenkt dann, wieviel Mühe mit fundamentaler Hilfe es uns gekostet hat, den an sich kleinen allerersten Schritt der Formanalyse der Ware mit Sinn und Verstand nachzuvollziehen, bedenkt man weiter, dass

---

Kapital überhaupt (vgl. z.B. das Zitat oben auf S. 25), wäre also an sich ein überflüssiger Zusatz, wenn nicht der Schreiber damit unterstreichen wollte, dass es vor allem in seiner Abstammung vom Geld liege, wenn das Kapital Objekt seiner „Kritik" wird. Es ist daher bei Kurz nicht die Geldform nur eine besondere Form der Allgemeinheit Kapital, sondern das Kapital bloß besondere Form der Allgemeinheit Geld.

78   Es gibt jedoch keine Gewähr für die Hoffnung, in jenem „höheren gesellschaftlichen Sein" ginge es den Individuen wirklich, d.h. subjektiv auch so empfunden, auf jeden Fall besser, das zugehörige Bewusstsein wäre also ein glücklicheres. Als „höher" ist es nämlich nur insofern richtig bezeichnet, als es, wie jede seiner früheren, irgend einmal neu entstandenen Formen, auf die vorangegangenen aufbaut.

wir noch nicht einmal die Wertform bislang näher kennenlernen konnten, deren Entwicklung ja zur Geldform erst hinführt, dann wird man schwerlich hoffen dürfen, diese im Eilverfahren, als kleine Zugabe hier erledigen zu können.

Wertbestimmung und Wertformanalyse, d.h. Analyse der Form des in der Ware eingeschlossenen Gegensatzes von Gebrauchswert und Wert, wie er sich ausdrückt in ihrer Beziehung auf andere Ware, Verwandlung der Arbeitsprodukte in Waren im Prozess ihres wirklichen Austausches, die einhergeht mit der äußerlichen Darstellung ihres inneren Gegensatzes durch Verdopplung der Ware in Ware und Geld, schließlich die Analyse der sich widersprechenden Bestimmungen des Geldes als gegensätzliche Momente der Zirkulation der Waren, also der Form des Austauschprozesses – dies sind bloß ganz grob skizziert, nämlich der Kapitelaufteilung im ersten Abschnitts des „Kapital" folgend, die Stufen der Entwicklung der Bestimmungen des Geldes, daher der Geldform oder der einfachen Zirkulation der Waren. Sie bilden aufeinander aufbauend ein Ganzes von Bestimmungen. Der wertkritische Fundamentalismus ersetzt nun dessen ineinandergreifende Vermittlungsschritte durch geheimwissenschaftlichen, kritisch verzwickt tuenden Hokuspokus und tötet so alle wirkliche, gehaltvolle, weder bloß formelle noch etwa um die Formdetails ganz unbekümmert auf den abstrakten Inhalt allein losgehende Kritik der Geldform. Genau darauf beruht aber der Effekt, dass am Ende das ebenso einfach wie abstrus bestimmte Geld nicht mehr als selber nur Entwicklungsform des Kapitals erscheint, sondern unmittelbar als die das Ganze des sogenannten warenproduzierenden Systems zusammenschließende, einfach dingliche Form, denn dieses scheint gewissermaßen eingefasst durch die abstrakte Allgemeinheit der Arbeit hier und deren absurd banales Dasein als sogenanntes „abstraktes Ding" dort, scheinbar also allseitig bestimmt. Aber außer zum einen seiner abstrakten Allgemeinheit der Arbeit (die bereits ihrerseits sich in tautologische Begriffshuberei aufgelöst hat) und zum anderen deren „Erscheinen" als „abstraktem Ding" wird uns übers „System" nichts weiter verraten, es bleibt ansonsten völlig unbestimmt; zwischen den beiden Polen, die es definieren, befindet sich die reine Leere, diese bestimmen bloß ein gedankenloses Nichts. Sie besitzen daher keinen wirklichen Formgehalt, keinen sich zur Form entwickelnden Inhalt, sind in der Tat in ihrem kurzen Zusammenschluss eine – freilich rein gedankliche, aus wertkritischer Fabrikation stammende – Absurdität und als solche kaum kritikabel. Über die Leere lässt sich nur urteilen, dass sie halt leer ist. Der tatsächliche Formgehalt des Geldes lässt sich nicht kritisch an ihr entwickeln, sondern steht ihr an sich ganz zusammenhanglos gegenüber.

Nun blitzt allerdings dennoch – wohl oder übel gewissermaßen – in den Offenbarungen des Robert Kurz stellenweise etwas auf, das immerhin eine Ahnung davon zulässt, dass in der Geldform mehr steckt als die absurde Abstraktheit eines Dings. Da Kurz sich nun einmal die Marxsche Werttheorie erkoren hat, seine endzeitliche Botschaft daran zu entzünden, kann er gar nicht vermeiden, dass deren wirklicher Gedankengang wenigstens als schattenhafte Kontur durch die Rauchschwaden seiner eigenwilligen Interpretation bisweilen hindurchscheint, besonders dort, wo er glaubt, dem einen oder anderen „marxistisch orientierten werttheoretischen Autoren" mit seinen grundstürzenden Erkenntnissen nähertreten zu sollen. Solche Momente bieten immerhin Gelegenheit, ein paar Schlaglichter zu werfen, die den wirklichen Umfang der Marxschen Formkritik des Geldes andeuten und so vielleicht helfen können, ihre selbständige Rezeption auf den Weg zu bringen.

Kurz contra Backhaus –
Wesen und Unwesen des Geldes

Um die überlegene Erklärungskraft seines „Phänomens" zu demonstrieren, knöpft Kurz sich ein weiteres Mal seinen Spezi Backhaus vor. Der kriegt die Doppeltheit sozusagen doppelt um die Ohren gehauen. Hatte Kurz anfangs an ihm die Vorteile seines bizarren Ungetüms einer „doppelten Wertform" vorgeführt, so bleibt dem armen Mann nun nicht erspart, auch

> „die Bedeutung des Hegelschen Doppelbegriffs von abstrakter und konkreter Allgemeinheit für die marxsche Theorie der abstrakten Arbeit" (70)

an sich exekutiert zu bekommen.

Backhaus geht es vor allem um „Wertform-Analyse", d.h. um die Genesis der Geldform aus der Wertform. Zumindest mahnt er solches an. Weil aber Backhaus, wie oben (S. 57f) gezeigt, einen angeblichen Bruch der Marxschen Darstellung im Übergang vom Inhalt des Werts zu seiner Form zum Anlass nimmt, jenen *Inhalt*, auf den die Wertform sich bezieht und auf den bezogen allein sie sich entwickelt (respektive dessen Entwicklung sie ist), nämlich die Wertbestimmung im Unterschied zum Gebrauchswert der Ware bzw. die abstrakte im Unterschied zur konkret nützlichen Arbeit, ebenso beiseite zu schieben, wie Kurz dies tut mit eben dieser *Form*, deshalb springt Backhausens ohnehin etwas spärliche Ausführung zumeist zwischen einfacher Wertform und Geldform unvermittelt hin und her. Nichtsdestoweniger trifft seine Diagnose einer „Unfähigkeit, die Werttheorie *als Wertform-Analyse* zu verstehen,"[79] gerade bei seinem späten Kritiker mitten ins Schwarze. Wenn daher Backhaus insistiert, Geld als entwickelte und darum zu entwickelnde Form des Werts zu verstehen, dann scheint das wie eigens dazu verfasst, den Meister des abstrakten, formlosen Inhalts auf die Palme zu treiben. Den treffen wir denn auch prompt dort oben hockend an und gegen Backhaus losschimpfend, der es ein weiteres Mal versäumt habe „nachzudenken", nämlich „über die doppelte Bedeutung des Allgemeinheitsbegriffs" (70).[80] Doch schauen wir uns zunächst den Anlass der Verärgerung näher an.

---

79   Backhaus1969, S. 134.

80   Man stoße sich nicht daran, dass hier abstrakte und konkrete Allgemeinheit in einem einzigen „Begriff" verstaut, also an sich identisch geworden sind. Der „Begriff" der Allgemeinheit bedeutet, d.h. begreift hier eigentlich gar nichts, sondern fällt sogleich auseinander in verschiedene „Bedeutungen". Es ist halt so, dass Robert Kurz grund-

Die Geschichte beginnt eigentlich mit einem Marx-Zitat, in dessen Kommentierung dann Backhaus seinen Fauxpas begeht, über den Kurz anscheinend so in Rage geraten ist, dass er den dazugehörigen Zusammenhang gar nicht mehr darstellt. Bei dem Zitat handelt es sich um jene berühmte Stelle aus der ersten Auflage des „Kapital", an der Marx das allgemeine Äquivalent charakterisiert, das durch die aus der Umkehrung der entfalteten Wertform gewonnene allgemeine Wertform erzeugt wird. In dieser Form drücken alle Waren ihren Wert einheitlich in einer einzigen, aus ihrem Kreis ausgeschlossenen Ware aus. Diese erscheine daher, schreibt Marx,

> „ … als die *Gattungsform* des Äquivalents für alle anderen Waren. Es ist als ob neben und außer Löwen, Tigern, Hasen und allen anderen wirklichen Tieren … auch noch *das Tier* existierte, die individuelle Inkarnation des ganzen Tierreichs. Ein solches Einzelne, das in sich selbst alle wirklich vorhandenen Arten derselben Sache einbegreift, ist ein *Allgemeines*, wie *Tier*, *Gott* usw."[81]

Den letzten Satz kommentiert Backhaus nun folgendermaßen:

> „Der Hinweis auf den traditionellen Gottesbegriff zeigt, dass Marx ‚Allgemeines' als eine *Einheit* begreift, welche die Totalität aller Bestimmungen in ihrer *Verschiedenheit in sich* enthält."[82]

Backhausens Manier, das Gesagte sich erst in die eigene akademisch-philosophische Terminologie zu übersetzen, um es dann nach seinem persönlichem Gusto zu interpretieren, schlägt auch hier wieder unangenehm durch. Wo Marx einfach „Gott" schreibt, da liest Backhaus sogleich einen „Hinweis" auf den Extrakt einer älteren philosophisch-theologischen Fachdiskussion, und daraus wiederum erschließt sich ihm erst, was Marx eigentlich sagen wolle. Dass Marx, wenn er „Gott" sagt, einen

---

sätzlich mit „Begriffen" um sich schmeißt, ohne seinerseits viel darüber „nachzudenken".

81   Marx 1966, S. 234.
82   Backhaus 1969, S. 144f.

„traditionellen Begriff" meine, also irgendeinen, obendrein außer Kurs gesetzten, ideologischen Weihrauch, statt bloß die einfache Abstraktion, die der Ausdruck seinem Inhalt nach bezeichnet, solche Arglosigkeit gegenüber den Erzeugnissen der geisteswissenschaftlichen Zunft kann ihm wohl nur ein besonders treuherziger Angehöriger derselben unterstellen. Aber Marx *sagt* im übrigen, was er meint: Die ausgeschlossene Ware verkörpert allen anderen Waren gegenüber deren Wertsein und sonst nichts, begreift sie demnach zwar in ihrer Gesamtheit in sich ein, aber eben *nicht* in ihrer Verschiedenheit, die ja von ihrer verschiedenen Nützlichkeit herrührt, sondern nur soweit sie allesamt Produkte unterschiedsloser, abstrakter menschlicher Arbeit, also Werte sind.

Auch „ohne über die doppelte Bedeutung des Allgemeinheits-Begriff nachzudenken", lässt sich, wie man sieht, unschwer erkennen, dass Backhaus hier aus der Allgemeinheit des allgemeinen Äquivalents mehr macht, als sie hergibt. Da er, wie gesagt, eigentlich auf das Geld los will und es an dieser Stelle in der Marxschen Darstellung erstmals als solches hervortritt, hat er sich sogleich darauf gestürzt und versucht, in dieser ersten, der allgemeinsten seiner Bestimmungen deren Ganzes, seine „Totalität" festzuhalten.

Robert Kurz seinerseits erspäht hier sofort die verwandte Seele. Zwar ist er nicht mehr so bescheiden wie noch Backhausens gut zwei Jahrzehnte ältere Wissenschaft, welcher „die Grundbegriffe der Werttheorie ... verstanden" schienen, „wenn sie ihrerseits das Verständnis der geldtheoretischen Grundbegriffe ermöglichen."[83] Kurz erschließt sich vielmehr mit seinem Verständnis des Wertbegriffs unmittelbar das ganze Universum der gegenwärtigen Welt. Aber auch für ihn ist mit dieser ersten Bestimmung des Geldes gewissermaßen der Gipfelpunkt seines Weltverständnisses erreicht. Und da hat er nun tatsächlich seinen Kumpan im Geiste, wie man heute sagt: „voll" erwischt. Als Spezialist des bösen Abstrakten hat er natürlich sofort die teuflische Natur des Geldes in seiner Bestimmung als allgemeines Äquivalent erkannt und hält Backhaus die fällige Strafpredigt:

---

83   ebenda S. 133.

„Backhaus versteigt sich nun soweit, dass für ihn ‚diese Bestimmung‘, nämlich die Allgemeinheit als eine Totalität aller Bestimmungen in ihrer (konkreten) Verschiedenheit, ausgerechnet eine Bestimmung ist, ‚die unmittelbar … das Wesen des Geldes bezeichnet …‘. Umgekehrt. Das Geld stellt gerade die Inkarnation der abstrakten Allgemeinheit dar, die eben keineswegs die konkrete Totalität des Systems der nützlichen Arbeiten ‚in sich enthält‘, diese vielmehr ‚auslöscht‘.“ (70)[84]

Wir sind nun in der überaus glücklichen Lage in diesem Streit in Sachen Bestimmung des Geldes das Recht gleichmäßig auf beide Kontrahenten zu verteilen, was freilich ebenso gut darauf hinausläuft, sie beide gleichermaßen des Unrechts zu überführen. Kurz wäre zweifellos im Recht gegenüber Backhaus, wenn er sich konkret auf dessen *Argumentation* bezogen hätte, wie ich sie oben nachgezeichnet habe, statt bloß auf das Stichwort „Allgemeines“ hin mit seiner „doppelten Bedeutung des Allgemeinheitsbegriffs“ zu winken. Kurz hätte also darauf hinweisen können, dass das von Backhaus zitierte „Allgemeine“ nur die Allgemeinheit der Waren als *Werte* und als solche eben den wirklichen Austausch der Waren nur erst abstrakt, unter einer einfachen Bestimmung zusammenfasst, keineswegs aber mit ihm identisch ist. – Backhaus wiederum wäre im Recht, wenn er gegen Kurzens „Umgekehrt“ darauf bestünde, das Geld nicht in seiner einfachen Bestimmung als allgemeines Äquivalent zu belassen, sondern als eine Totalität von Bestimmungen zu fassen, die mit dieser ersten Bestimmung noch nicht unmittelbar gegeben, vielmehr als die wirkliche Bewegung der Zirkulation der Waren erst noch zu entwickeln ist.

Ich weiß freilich nicht, ob Backhaus die Kurzsche Kritik seines alten Textes je kennengelernt hat und was er ihr eventuell entgegnen würde. Ich will jetzt auch nicht seinen Advokaten mimen und ihm eine Verteidigungsstrategie entwerfen. Wir haben es hier mit Robert Kurz zu tun, der – allerdings kaum rein zufällig – glaubt, sich Backhaus zum Exempel nehmen zu können, um seine „abstrakt bleibende Allgemeinheit der Arbeit“ daran zu demonstrieren. Was also demonstriert Kurz tatsächlich?

---

84 Kurz zitiert Backhaus 1969, S. 145.

Geld: „reale Ungeheuerlichkeit" oder widersprüchliche Form der Warenzirkulation?

Wir haben gesehen, dass die „konkrete Totalität des Systems der nützlichen Arbeit", auf die Kurz hier zum x-ten Male rekurriert, um seine abstrakte Allgemeinheit davon abzustoßen und anschließend darüber herfallen zu lassen, selber bloße Mystifikation ist, weil in die wirkliche Totalität dieses Systems der Austausch der Waren eingeht, der ja die privaten nützlichen Arbeiten erst aufeinander als gesellschaftliche bezieht. Die nützlichen Arbeiten und ihre Teilung in bestimmten Proportionen sind zwar die Voraussetzung des Austausches ihrer Produkte, aber eben nur dies. In seine Betrachtung als Austausch von Waren überhaupt ohne Rücksicht auf deren bestimmten nützlichen Inhalt (in anderer Rolle treten die Waren dem Geld gegenüber nicht auf) fallen sie zunächst auch nur als solche vorausgesetzte Bedingung, nicht als Bestimmungen des Austauschs selber. Das Geld (d.h. der wirkliche Austauschprozess) seinerseits ist zwar Bedingung, dass die verschiedenen nützlichen Arbeiten sich aufeinander als Glieder eines Systems der Arbeitsteilung beziehen können, aber gerade insofern im Geld die bestimmten Nützlichkeiten der Waren, deren Austausch es vermittelt, „ausgelöscht" erscheinen, d.h. das Geld sich gleichgültig dagegen zeigt, welche Sorten von Waren mit seiner Hilfe sich austauschen, bleibt von ihm jenes System in seinem konkreten Inhalt völlig unberührt, wird von ihm keineswegs „auslöscht", wie Kurz behauptet. (Scheinbar zitiert er diesen Ausdruck nur aus einer zuvor angeführten Stelle von Marx,[85] aber dort handelte es sich nur erst um die abstrakte Bestimmung der Wertsubstanz im Unterschied zur konkreten Nützlichkeit der Ware und ausdrücklich unter Absehung von der Form in der die Wertsubstanz erscheint; oder, um beim „analytisch genauen Differenzieren" für Kurz verständlich zu bleiben: Marx befindet sich dort auf der „ersten Ebene" der Kurzschen „Wertform". Dagegen halten wir uns im Augenblick mit ihm zweifelsfrei auf seiner „zweiten Ebene" auf, nämlich just bei jener Form, in der das Wertsein der Waren an den Tag tritt. Und hier besteht die Schwierigkeit ge-

---

85   Vgl. oben S. 102.

rade darin, dass vom Gebrauchswert der Waren nicht abgesehen werden kann – wenn man nicht überhaupt von den Waren absehen will – vielmehr ihre Gebrauchswertgestalt, als die einzige Form, welche die Waren an sich besitzen, statt „ausgelöscht" zu sein, dem Erscheinen der reinen, abstrakten Substanz des Werts ständig in die Quere kommt.)

Indes handelt es sich noch gar nicht um den wirklichen Austauschprozess, sondern zunächst nur um die ihm zugrundeliegende Form selbst, in welcher die Waren sich aufeinander beziehen. Auch darin ist aber die „Totalität" der nützlichen Arbeiten nicht ausgelöscht, vielmehr drückt sie sich gegensätzlich in ihr aus. Um allerdings diese Gegensätzlichkeit überhaupt wahrnehmen zu können, genügt nicht ein flüchtiger Blick auf die fertig entwickelte Gestalt der allgemeinen Wertform. Einem solchen mag sich in der Tat die in ihrer Einfalt geradezu grandiose Schlussfolgerung aufdrängen, mit der als allgemeines Äquivalent fungierenden Ware spaziere endlich eine Abstraktion leibhaftig auf der Erde umher, ohne durch diese Leibhaftigkeit von ihrer Abstraktheit etwas einzubüßen; oder, wie Kurz etwas später in seinem Text formuliert, das Geld sei

> „ ... das ‚abstrakte Ding', die widersinnige, nichtsdestoweniger jedoch reale Ungeheuerlichkeit einer Abstraktion, die man anfassen kann, die als solche außerhalb des menschlichen Kopfes real dinglich existiert." (81)

Und zwei Absätze weiter heißt es, bezogen auf jene Marxsche Bemerkung über das allgemeine Äquivalent, die Backhaus schon anderweitig ins Grübeln stürzte:

> „Denn wenn real-dinglich ‚das Tier' existiert, dann ist diese Abstraktion nicht nur real, sondern gleichzeitig eine reale abstrakte Allgemeinheit." (81)

In der Tat: „wenn ...". Und „wenn" Marx geschrieben hätte, „das Tier existiert", dann müsste es wohl existieren. Nun hat aber Marx die vielzitierte Metapher sicher nicht ohne Grund eingeleitet mit einem „Es ist, als ob ..." Marx sagt also nicht etwa: Wie neben Löwen, Tigern usw. *das* Tier, so tritt hier *der* Wert neben seine besonderen Vergegenständlichungen. Es ist vielmehr klar, dass der Wert in besonderer Gestalt an sich genauso wenig

„existiert", wie das Tier. Es ist nicht der Wert, der sozusagen vom Warenhimmel in die Leinwandgestalt gefahren ist, um den Waren ihr allgemeines Äquivalent zu geben, sondern die Beziehung aller besonderen Waren selbst aufeinander entwickelt sich dahin, dass einer von ihnen durch die übrigen die exklusive Rolle aufgeprägt wird, ihr gemeinsames Dasein als Werte zu repräsentieren. Es ist in der Tat bloß die ordinäre Leinwand, die diese Rolle spielt, und alle Macht über die anderen Waren, die sie darin ausübt, ist ihr nur von eben diesen verliehen. Sie ist an sich zwar Wert, wie alle anderen Waren auch, aber dieses ihr Wertsein bleibt formlos, fällt ununterschieden zusammen mit ihrer Form als gewöhnlichem Gebrauchsding. Ihr besonderes, faseriges Dasein spiegelt den Waren, denen sie zum Äquivalent dient, deren Wertgestalt zurück, so dass ihr eigener Wert, d.h. ihr Wertsein im Unterschied zu ihrem unmittelbaren körperlichen Dasein in der Beziehung, in der sie Äquivalentware wird, nicht ausgedrückt ist.

Dies ist die widersprüchliche Charakteristik schon des einfachen Wertausdrucks einer Ware in einer einzelnen anderen, worin sie aber noch schwer festzuhalten ist, weil er wegen der Beliebigkeit der in ihm aufeinander bezogenen Waren jeweils unmittelbar auch seine Umkehrung enthält, worin die Ware, die zuvor ihren Wert in ihrem Äquivalent ausgedrückt hat, mit diesem den Platz und die Rolle tauscht. In der allgemeinen Wertform dagegen erhalten alle Waren einen einheitlichen relativen Ausdruck ihres Werts, indem sie ihn alle in derselben Ware ausdrücken, somit aber diese, ihre allgemeine Äquivalentware, von jener einheitlichen Form ihres Wertausdrucks ausschließen. Die als allgemeines Äquivalent fungierende Ware kann die Sache nur mehr in der Richtung umkehren, aus der ihre jetzige Rolle gerade hervorging, dass sie nämlich ihren eigenen Wert ausdrückt in einer unendlichen Reihe besonderer und darum sich gegenseitig ausschließender Äquivalente.

Mit der allgemeinen Äquivalentware, als welche im Austauschprozess die Geldware sich festsetzt, „existiert" demnach „real dinglich" keineswegs die Abstraktion des Werts, bzw. der allgemein menschlichen Arbeit, kein „abstraktes", sondern im

Gegenteil ein höchst widersprüchliches Ding. Es repräsentiert gegenüber der bunten Warenwelt deren gemeinsames Dasein als Produkte abstrakter Arbeit und gibt diesem eine einheitliche aber keineswegs absolute Form. Die Geldware ist selber Produkt besonderer, in besonderer Form verausgabter Arbeit, sie gibt daher der allgemeinen Arbeit, welche in den Waren verausgabt ist, die sich mit ihr austauschen, nur einen relativen Ausdruck. Sie sagt: Die Herstellung der mit mir getauschten Ware kostet gleichviel durchschnittliche Arbeitszeit wie das bestimmte Quantum meiner Wenigkeit, das für sie hergegeben wird; sie kann aber nicht sagen wie groß dieses Gleichviel denn tatsächlich ist. Wird sie zu allem Überfluss gefragt, wo denn, da auch in ihrer weltlichen Haut offenbar nicht, ihr eigener Wert zu besichtigen sei, so fängt sie an zu stottern, wirft einen verzweifelten Blick auf das endlos chaotische Gewimmel der sich zum Austausch mit ihr drängelnden, mit ihren Preisen winkenden Waren und beginnt, wie sie ihr gerade vors Gesicht treten, sie aufzuzählen, derweil sich der Frager wahrscheinlich etwas entnervt aus dem Staub macht.

Wie das „abstrakte Ding" schon in seiner analytischen Betrachtung (sie ist wohlgemerkt hier nur angedeutet) sich als verdammt konkret erweist, so erst recht in seiner wirklichen Betätigung im Zirkulationsprozess der Waren. In der Bestimmung als allgemeines Äquivalent, daher allgemeine, jederzeit und überall unmittelbar austauschbare Ware tritt die Geldware zwar bereits historisch sehr früh auf im sich entwickelnden Tauschhandel unter den verschiedenen Gemeinwesen, aber als solche zunächst einfache Bestimmung steht sie der „wirklichen Totalität" in der Tat noch ganz abstrakt gegenüber, der Totalität nicht „des Systems der nützlichen Arbeiten" wohlgemerkt, sondern der Warenzirkulation. Bestimmtes Moment der Zirkulation (und in dieser Bestimmtheit dann auch über die Zirkulation selbst hinaus weisend) wird das Geld als allgemeines Äquivalent, das „Geld als Geld", wie Marx es bezeichnet, erst im Durchgang durch diese Totalität, die es zunächst in andere, einfachere Bestimmungen ihrer selbst versetzt und so die scheinbare Einfachheit des allgemeinen Äquivalents aufhebt, den inneren Gegensatz dieser Form in Bewegung bringt.

In der Zirkulation ist das Geld zunächst gesetzt als ideeller Ausdruck des Werts in den Preisen der Waren, es misst die Warenwerte und ist in dieser Rolle gleichgültig gegen seine Quantität, sein wirkliches Dasein als bestimmte Menge Geldes. Die Warenpreise sind schon bestimmt, bevor die Waren auf dem Markt erscheinen und hängen nicht davon ab, wieviel Geld ihnen dort gegenübertritt. Sie hängen aber sehr wohl ab von der qualitativen Bestimmtheit der Geldware, in der sie sich ausdrücken. Je nachdem, welche Ware die Geldrolle spielt, z.B. Gold oder Silber, ändern sich die Preisausdrücke der Waren; ebenso, wenn der Wert dieser Ware infolge veränderter Produktionsbedingungen sich verändert. Andersherum verhält es sich im Prozess des tatsächlichen Kaufs bzw. Verkaufs der Waren, worin das Geld als Zirkulationsmittel fungiert. Dort ist es nur vermittelndes, daher verschwindendes Moment des Prozesses, worin die Gebrauchswerte die Hände wechseln. Es ist darum zwar eine bestimmte Menge solchen Zirkulationsmittels erforderlich, bestimmt durch die Preissumme aller gleichzeitig getätigten Käufe resp. Verkäufe, aber da die Geldware hier nur ihr selbst äußerliche Zwecke vermittelt, in diesem Prozess also nicht festgehalten wird, nicht überdauern muss, kann sie ebenso gut ersetzt werden durch ein bloßes Zeichen ihrer selbst. Als Zirkulationsmittel ist demnach das Geld in seiner qualitativen Bestimmtheit aufgehoben und als nur quantitativ bestimmtes gesetzt. Wird schließlich das Geld festgehalten als realisierter Tauschwert, wie es zuerst in der Schatzbildung geschieht, dann ist es zwar in beiden sich widersprechenden Bestimmungen als Maß und als Zirkulationsmittel aufgehoben, insofern es nun bestimmte Menge der wirklichen Geldware darstellt, aber nur negativ fixiert an die Zirkulation der Waren, der es entzogen ist. Es ist wirklich allgemeine Ware, universeller Gebrauchswert, denn es kann jederzeit in beliebige Gebrauchswerte verwandelt werden, aber um sich zu verwandeln, muss es wieder eintreten in die Zirkulation, also zurückgehen in die Bestimmungen, denen es soeben entflohen war. Quantitative und qualitative Bestimmtheit des Geldes als Geld stehen ferner noch dadurch in Gegensatz zueinander, dass das Geld als allgemeine Ware oder allgemeiner Repräsentant des Reichtums seiner Qualität nach wesentlich schrankenlos ist, weil es so aus der Welt der besonderen Waren, die es repräsentiert, keine ausnimmt, dagegen seine bestimmte Quantität das Geld immer nur einem beschränkten Umkreis besonderer Waren gegenüberstellt. Seine qualitative Bestimmtheit tendiert deshalb dahin die bestimmte Quantität seiner selbst aufzuheben, sich als Geld über alle Schranken zu vermehren. Aber diese Auflösung des Widerspruchs treibt das Geld über sich selbst, wie es durch die Zirkulation gesetzt ist, hinaus. Denn sie hebt überhaupt die Zirkulation als für sich seiende, einfache Zirkulation von Waren auf, worin der Austausch als bloße Vermittlung vorausgesetzter Extreme erscheint: Vermittlung des Gebrauchswerts für andere mit dem Gebrauchswert für mich selbst, aber Gebrauchswert überhaupt, gleichgültig gegen seinen bestimmten Inhalt, der ganz außerhalb dieser Vermittlung liegt, so dass das Mittel nur die Form ergreift, den Inhalt aber, als wirklichen Austausch verschiedener Gebrauchswerte, unberührt lässt. Damit jedoch durch die Rückkehr des Geldes in die Zirkulation seine Bestimmung als Inkarnation des allgemeinen Reichtums sich nicht wieder verliert, muss sie in dem besonderen Gebrauchswert, gegen den das Geld sich tauscht, erhalten bleiben, dieser also aufhören, beliebig zu sein. Das Geld aber, das sich gegen solchen spezifischen Gebrauchswert tauscht, wird bekanntlich – Kapital.

Ich habe hier natürlich eine beinahe fahrlässig vergröberte Darstellung der widersprüchlichen Entwicklung der Geldbestimmungen gegeben. Aber es galt, die – freundlich gesagt: – ausgesprochen knappe Bestimmung des Geldes in der fundamentalen Kurz-Fassung im Auge zu behalten, und verbot sich allein aus diesem Grund, sich näher an die Details zu verlieren. In jener Bestimmung war, wie man sich erinnern möge, der Wert in der Geldgestalt (über deren Einzelheiten Kurz sich indes ausschweigt) einfache Abstraktion „zum Anfassen" geworden, indem er die Totalität der nützlichen Arbeiten „auslöscht". Wir haben gesehen, dass das Geld keineswegs unmittelbar den Wert der Waren darstellt, sondern diesem nur einen einheitlichen relativen Ausdruck gibt, also nicht ihren Wert, sondern ihren Tauschwert realisiert. Was das Auslöschen angeht, so zeigte sich zunächst genau umgekehrt das Geld in der Zirkulation als deren bloßes Mittel in seiner Rolle als realisierter Tauschwert so sehr ausgelöscht, dass die Wertbestimmung an ihm selbst gleichgültig und es ersetzbar wurde z.B. durch verhältnismäßig wertloses Papier. Festgehalten schließlich als realisierter Tauschwert, gab die endlos bunte Palette des konkreten gegenständlichen Reichtums, statt vom Geld ausgelöscht zu werden, diesem vielmehr seine eigene weltliche, allzu konkrete Beschränktheit zu spüren und weckte in ihm das Verlangen, seinem bunten Gegenüber in seiner eigenen Gleichförmigkeit irgendwie nachzueifern. – Wirklich ausgelöscht scheint demnach in Kurzens Blick aufs Geld just dieses selbst, und was er statt dessen erschaut, wieder einmal nicht von dieser Welt. Es nimmt hiernach nicht Wunder, dass Kurz gegen Ende seines Textes, als er sich schließlich doch noch herablässt, jene „sekundäre Frage" der Wertform (der „zweiten Ebene", wie er sie nennt) zu streifen, auf die Dienste auch dieses boshaft guten Geistes nicht verzichten kann.

Geld und Fetisch – oder abstrakte Arbeit als Projektion

Vom „System" der konkreten Arbeiten und ihrer Teilung war zwar im Allgemeinen schon reichlich die Rede, aber noch keinen einzigen konkreten Gedanken verschwendete Robert Kurz bislang auf den Zusammenhang der in der Form der Warenproduktion geteilten Arbeit im Besonderen. Und dies, obwohl er, wie man sich erinnern wird, bereits einige Male recht vehement auf die historische Besonderheit der Warenproduktion gepocht hat, ohne uns jedoch über selbige näheren Aufschluss zu geben als den, dass sie sich paradoxerweise mit Banalitäten schmücke und daher irrational sei. Ansonsten schwebten Arbeit und Wert, mit deren Beziehung er sich abquälte, ganz frei und ungebunden im gesellschaftlich unbestimmten, formlosen Raum. Das konnte nicht anders sein, weil die spezifische gesellschaftliche Form der Ware nun einmal ihre bestimmte Beziehung zu anderer Ware, die spezifische gesellschaftliche Form der Arbeit des Warenproduzenten dementsprechend seine bestimmte Beziehung zu seinesgleichen ist, Kurz aber darauf bestand, nur die einzelne Ware, also auch nur die Arbeit, die sie herstellt, als einzelne zu betrachten. Dessenungeachtet gelang es ihm mit Hilfe der Kräfte einer höheren Wissenschaft, das „Phänomen" der abstrakten Arbeit im Geld sogar dingfest zu machen und als reales Gespenst zu entlarven, in welchem den einzelnen Warenproduzenten

> „die wirkliche konkrete Arbeit *in ihrer Gesellschaftlichkeit*" (aber in was für einer?) als „das wahre *‚an sich'*" (vom Wertkritiker wohlweislich im An-Sich belassen) „des im Wert bloß ‚ausgedrückten' gesellschaftlichen Verhältnisses" begegne. (99)

Nachdem Kurz in dieser Weise lange genug um den heißen Brei herum geschlichen ist, muss er doch einmal zu Potte kommen und uns verraten, *welches* „gesellschaftliche Verhältnis" denn nun *wie* „im Wert bloß ‚ausgedrückt'" sein soll, also den Blick von der einzelnen Ware, so sehr sie seine Phantasie beflügelt hat, hinwenden auf ihr Verhältnis zu anderer Ware, bzw. auf die Verhältnisse der Warenproduzenten untereinander. Folgendes kommt einem dabei offenbar in den Kopf, wenn der bereits bis zum Rand gefüllt ist mit okkulten Gegenständen:

> „Die Warenproduzenten produzieren gegenseitig füreinander, also gesellschaftlich, aber sie produzieren nicht miteinander, sondern privat." (99)

Eine winzige Kleinigkeit hindert uns, an dieser Stelle bereits alle etwaig verbliebene Hoffnung fahren zu lassen, Kurz könnte uns doch noch etwas Spezifisches über Warenproduktion mitteilen: nämlich das Wörtchen „privat". Aber dessen Entgegensetzung zum „Miteinander" macht sogleich auf eine – dann wohl allerletzte und darum nicht mehr allzu große – Enttäuschung gefasst. Denn Kurz scheint damit weiterhin auf die Arbeitsteilung bloß in abstracto zu reflektieren, ohne Rücksicht auf die bestimmte Form, die sie als Produktion von Waren annimmt. Er steht denn auch nicht an, sein Nicht-Miteinander-Sondern-Privat zu präzisieren:

> „Jeder Produzent arbeitet ‚für sich' in einem rein technischen Sinne, jedoch gleichzeitig nicht ‚für sich' im Sinne des herzustellenden Gebrauchswerts … technisch für sich (privat) … sozial-ökonomisch für andere (gesellschaftlich) …" (99)

So wäre also die Warenproduktion endlich als besondere technische Disziplin durchschaut, sozusagen als die Für-Sich-Technik, und der Warenproduzent wäre jemand, der, gestützt allein auf seine eigenen technischen Mittel und Fertigkeiten, Nützliches für andere produziert. In diesem Sinne „für sich" (auch wenn kein gewöhnliches, sondern ein Hegelsches Für-Sich gemeint ist, wie wohl die Anführungstriche signalisieren) arbeitet aber unter Umständen auch ein steinzeitlicher Faustkeileproduzent, der vielleicht zwar in dieser Kunst besonders geschickt ist, aber weniger davon versteht, mit seinem Produkt das erjagte Wild zu zerlegen, und das darum anderen überlässt. Er arbeitet dann „sozial-ökonomisch" ebenso „für andere", wie er andere für sich arbeiten lässt, ohne dass dabei irgendein Austausch von Äquivalenten stattfände. Desgleichen der mittelalterliche Bauer, der auf seiner eigenen Scholle („technisch" eigenen, denn er allein bearbeitet sie) die Abgaben für den Grundherrn und das Zehntkorn des Pfaffen produziert und dafür vom Ersten Schutz vor Plünderung durch Dritte sowie andere den stetigen Lauf der Dinge sichernde Dienste, vom Zweiten Gottes Segen empfängt. Das Kurzsche „privat" oder Für-Sich-In-Einem-Rein-Technischen-Sinne passt offenbar, eben weil es erklärtermaßen den „sozial-ökonomischen" Gesichtspunkt nicht enthält, auf jede sozial-ökonomische Form, hat also mit der Warenproduktion im Besonderen nicht das geringste zu tun.

Was dagegen das Verhältnis der Warenproduzenten unterscheidet sowohl von der steinzeitlichen Jagdgemeinschaft als auch vom Feudalverhältnis, ist der private Charakter ihrer Arbeiten in einem durch und durch „sozial-ökonomischen", d.h. rein gesellschaftlichen Sinne. Während nämlich in beiden soeben betrachteten Fällen bei allem technischen „Für-Sich" der soziale oder ökonomische Zusammenhang, das „Für-Andere", *unmittelbar* gegeben ist (das Zehntkorn gehört schon dem Pfaffen, wenn es produziert wird), wird die Ware erst Produkt für andere durch die Vermittlung des Austausches von Äquivalenten. Die Privatheit der Arbeit des Warenproduzenten bezeichnet deren unmittelbar ungesellschaftlichen Charakter, aber nicht in dem Sinne, dass diese damit gesellschaftlich unbestimmt und etwa

„rein technisch" betrachtet wäre. Sie bezeichnet vielmehr eine ganz *bestimmte*, nämlich *negativ* bestimmte Gesellschaftlichkeit der Arbeit: die aufgehobene Unmittelbarkeit ihres gesellschaftlichen Zusammenhangs oder eine unmittelbar aufgehobene, daher ihrer Vermittlung bedürftige Gesellschaftlichkeit der Arbeit.

Die Produzenten der Waren produzieren diese *unabhängig* voneinander, so dass sie auf dem Markt als deren alleinige Eigentümer auftreten, obwohl sie „technisch" gesehen, nämlich „als naturwüchsige Glieder der gesellschaftlichen Teilung der Arbeit allseitig voneinander" *abhängig*[86] sind. Technisch, d.h. nach ihrem je bestimmten nützlichen Charakter betrachtet, hängt meine Arbeit davon ab, dass sie irgend jemand nützlich ist. Produziere ich Schuhe, so hängt das Resultat meiner Produktion, nach ihrem Gebrauchswert betrachtet, davon ab, dass die Schuhe getragen werden, sonst hätte ich nämlich, statt Gebrauchswert, bloß Müll produziert. Produzierte ich die Schuhe in unmittelbarem gesellschaftlichen Zusammenhang, etwa als handwerklich geschicktes Glied einer bäuerlichen Familie, so wäre ihr Gebrauchswert auch dann gesichert, wenn ich die Schuhe nicht für mich anfertigte, ich stellte tatsächlich unmittelbar Gebrauchswert für andere her. Anders bei der Ware. Bevor sie Gebrauchswert für andere werden kann, muss sie sich zuerst als Wert betätigt haben, d.h. aber als aufgehobener Gebrauchswert. Sie ist dies an sich dadurch, dass ich sie als Nichtgebrauchswert für mich erzeuge, denn ich produziere, gemessen an meinem eigenen Bedarf (und der ist hier der einzige, den ich sicher bestimmen kann), überflüssige, nutzlose Schuhe. Ich betätige sie als solchen Nichtgebrauchswert, indem ich sie als bloße Vergegenständlichung abstrakt menschlicher Arbeit mit anderer Ware vergleiche. Dass sie nur auf diesem Umweg der Gleichheit mit anderer Ware Gebrauchswert für andere wird, das erst macht ihren spezifischen Charakter als Ware aus. Was Kurz gedankenlos der Warenproduktion unterschiebt, Produktion für andere „im Sinne des herzustellenden Gebrauchswert", ist daher gerade bei ihr unmittelbar nicht der Fall.

---

86   Marx 1970, S. 89. Vgl. auch ebenda S. 122.

Das „abstrakte Arbeitsding":
Warenproduktion als Psychokrise

Offensichtlich tun wir Kurz keinen Gefallen, wenn wir seine Auslassungen zum Verhältnis der Warenproduzenten als Versuch nehmen, dieses in seiner Besonderheit zu bestimmen, denn sie ergeben dann unterm Strich schlicht horrenden Stuss. Durchgehen könnten sie allenfalls als ein paar allgemeinplätzige Wahrheiten übers Arbeiten in arbeitsteiligen Verhältnissen überhaupt. Kurz selbst scheint das zumindest zu ahnen, denn im Weiteren widmet er sich lieber wieder dem einsamen Warenproduzenten und seiner einzelnen Ware, zwischen welchen er ein ans Herz gehendes Seelendrama anheben lässt.

„Rein technisch" im Stich gelassen von seinen Mitmenschen, hat der gemeine Warenproduzent zwar dennoch etwas Nützliches für sie fabriziert, einen Tisch zum Beispiel, zugleich aber an der Einsamkeit seines Produzierens offenbar derart gelitten, dass er sein Werk als Tisch am Ende nicht mehr wiedererkennt. Dass es überhaupt noch ein brauchbarer Tisch geworden ist, scheint bloß glücklicher Zufall, denn

> dass der Warenproduzent „technisch für sich (privat) arbeitet, jedoch sozial-ökonomisch für andere (gesellschaftlich), schlägt sich für ihn als Abstraktionsprozess seiner eigenen Arbeit nieder, der sich auf das Produkt überträgt." (99f)

Was uns die dunkle Formulierung vom „Abstraktionsprozess" sagen will, ist noch nicht ganz klar. Ich zweifle sogar, ob ihr Autor selber das wusste, als er sie in die Tasten tippte. Aber fest steht, dass am Ende des Produktionsprozesses (vom Austausch oder auch nur von der Austauschbeziehung zweier Waren ist wohlgemerkt hier wiederum nicht die Rede)

> „für den Produzenten selber" der Tisch kein richtiger Tisch ist, sondern „nichts anderes als ein abstraktes Arbeits-Ding", weil er ihn nämlich „nicht zum eigenen nützlichen Gebrauch hergestellt hat" (100).

Könnte also heißen: Objektiv betrachtet, heimlich geleitet gewissermaßen vom An-Sich seines Tuns, hätte unser seltsamer Warenproduzent nach allen Regeln der Kunst einen Tisch getischlert, aber „für ihn" hätte sich das nicht so dargestellt, vielmehr hätte er sich eingebildet (und zwar je näher der Vollendung, desto hartnäckiger) „nichts anderes" als eine an sich völlig nutzlose Demonstration seiner Arbeitskraft überhaupt zu liefern; etwa so, wie dem Sexualfetischisten der Stöckelschuh seiner Angebeteten keinen gewöhnlichen Stöckelschuh vorstelle, sondern ein selbständiges sexuelles Wesen (vgl. 102).[87] Abgesehen davon, dass der Fetischismus der Waren so sich erwiese als je individueller, statt gesellschaftlicher Natur, landet man mit solchem psychologisch daherkommenden Tiefsinn einerseits bei irgendeiner aparten übermenschlichen Instanz, welche die Arbeit des Warenproduzenten, dessen wahnhafter Verblendung zum Trotz, gütigerweise zu einem nützlichen Ende führt. Andererseits wird es unerfindlich, wie dieser dennoch auf die Idee verfällt, sein „abstraktes Arbeits-Ding" als für andere nützliches Produkt zu Markte zu tragen. Mehr noch: Wenn den einzelnen Produzenten ihre jeweils besondere Ware bereits als abstraktes Arbeitsding erschiene, also als vergegenständlichte Arbeit in unmittelbar gesellschaftlicher und deshalb austauschbarer Form, wie sollte

---

87   Der Stöckelschuh mag zwar im Kopf des Fetischisten ein „sexuelles Wesen" verkörpern, aber zum Fetisch wird er natürlich erst, indem er als solches *behandelt* wird – von Gegenständen geweckte erotische Assoziationen machen noch keinen Fetischismus. Es muss sich die Sexualität des Fetischisten praktisch betätigen an ihm, damit der Stöckelschuh zum Fetisch werde, und dieses Tun wird geleitet weniger von der abstrakten Idee eines im Stöckelschuh hausenden „sexuellen Wesens" als von den bestimmten sexuellen Wünschen, die der Gegenstand dem Fetischisten erfüllen soll. Es ist konkretes, von einem konkreten Bewusstsein beherrschtes Tun und erreicht einen konkreten Zweck. Eine Tätigkeit dagegen, der die Idee bloß eines „abstrakten Arbeits-Dings" vorschwebt, wird auch nichts anderes hervorbringen: einen völlig beliebig gestalteten, nutzlosen Gegenstand an sich, wie etwa bei einem Kind, das zum ersten Mal Papier und Malstift in die Finger bekommen hat und drauflos kritzelt. Wir haben es hier augenscheinlich zu tun mit der theoretischen Grundsteinlegung jener Kurzschen Vorstellung vom Warenproduzenten als Schrott verkaufendem Mr. Hyde, die dann das erklärende Eingreifen der famosen „Konkurrenz" nötig macht, damit wirkliche Produktion überhaupt denkbar bleibt (vgl. oben, S. 103, Fn.).

132

dann ihr Austausch untereinander die einheitliche Form solch einer allgemeinen Ware als Geld erzeugen können?

Was in Wirklichkeit als gesellschaftlicher Vorgang zwischen den Warenproduzenten im Austausch ihrer Waren sich praktisch, jedoch keineswegs unkompliziert vollzieht, dass nämlich die private, in besonderen Gebrauchswerten vergegenständlichte Arbeit der Produzenten als gesellschaftliche Arbeit sich darstellen muss, das ist hier kurzerhand verwandelt in die individuelle psychologische Leistung des einzelnen Warenproduzenten. Nicht die Beziehung der besonderen Ware auf eine andere solche (bzw. die darin verhüllte Beziehung der besonderen Arbeit des Warenproduzenten auf die eines anderen) gibt ihr die Form der Gegenständlichkeit allgemeiner, gesellschaftlich gültiger Arbeit, sondern der einzelne Warenproduzent

> „ … projiziert praktisch seine eigene vergangene Arbeit als gesellschaftliche auf das Produkt – die vergangene Arbeit erscheint für ihn als gesellschaftliches Phantombild am Produkt als dessen Eigenschaft …“ (100),

wobei die mit dieser Projektion phantastisch gemeisterte Schwierigkeit nicht darin bestehe, dass private Arbeit sich als ihr Gegenteil darstellen muss; denn „an sich“ hat ja in Kurzens Verständnis der Warenproduzent

> „gesellschaftlich gearbeitet, für andere,“ wenn auch „nicht mit den anderen gemeinschaftlich“ (100),

was indes „sozial-ökonomisch“, wie wir inzwischen gelernt haben, keinerlei Problem macht, sondern nur „technisch“. Die Schwierigkeit bestehe dagegen darin, dass „diese Arbeit real vergangen“ (100) sei, oder darin, wie Kurz einige Seiten vorher sich ausdrückt,

> dass das Quantum „gesellschaftlicher Arbeit, das auf dieses Produkt verwandt wurde, jedoch als solches *vergangen* und also nicht mehr real existent ist.“ (96)

Bei dieser besonderen Kurzschen Schwierigkeit will ich mich jetzt aber nicht mehr lange aufhalten, denn sie ist oben bereits zur Genüge gewürdigt worden.[88] Nur soviel ist hier vielleicht hinzuzufügen, dass, wenn die einzelnen Quanta gesellschaftlicher Arbeit tatsächlich „nicht mehr real existent" wären, dies natürlich die gesellschaftliche Arbeit insgesamt beträfe, die real überhaupt nur als bestimmtes Quantum existiert, welches wiederum sich gliedert in die verschiedenen Quanta der gesellschaftlichen Teilarbeiten. Es hätte sich also die gesellschaftliche Arbeit überhaupt, weil „real vergangen", d.h. vergegenständlicht, als „Phantom" verflüchtigt im Moment des Austausches der Waren, dieser entbehrte somit jedes objektiven Bezugs und Maßes, und wir wären wieder angekommen bei irgendwelchen subjektiven sogenannten Theorien darüber.

Solche Widrigkeiten fechten den Wertkritiker selbstverständlich nicht an. Und so plappert er gedankenlos daher, jene unglücklicherweise „real vergangene" Arbeit sei

> „ … jedoch als gesellschaftliche gerade dasjenige, was objektiv das Gemeinsame, Vergesellschaftende im Verkehr der Produzenten untereinander nur sein kann." (100)

Er spricht also eigentlich unmissverständlich aus, dass der Verkehr der Warenproduzenten, der nun einmal einzig die Form des Austausches der ja angeblich „nicht mehr real existenten" Privatarbeiten kennt, daher „objektiv" aus seiner Sicht nichts „Vergesellschaftendes" enthalten „kann", und hilft sich über diese hausgemachte „objektive" Kluft obendrein mit der ganz und gar subjektiven Psychologie des einzelnen Produzenten hinweg. Er müsste also spätestens an dieser Stelle jegliche objektive Werttheorie ehrlicherweise für erledigt, damit auch seinen eigenen Anlauf dazu für gescheitert erklären.

Wenn er es dennoch nicht tut, so aus dem einzigen Grund, dass er sowieso mit dergleichen nie ernsthaft beschäftigt war, sondern immer schon im gegenstandslos esoterischen Raum über Wert und abstrakte Arbeit gemutmaßt und alles mögliche darunter gefasst hat, nur nicht den bestimmten Forminhalt der Ware. Solche Esoterik ist natürlich auch über die profane Tatsache erhaben, dass menschliche Arbeit, die hier umstandslos

---

88   Siehe vor allem den Abschnitt „Wert und Arbeit – oder der Kurze Dualismus von Raum und Zeit".

„als gesellschaftliche" vorgestellt ist, in verschiedenartigen gesellschaftlichen Verhältnissen auch in unterschiedlicher Beziehung als gesellschaftlich gelten muss, also in Verhältnissen unmittelbar gesellschaftlicher Arbeit gesellschaftlich ist in ihrer unmittelbaren Form als besondere nützliche Arbeit, egal ob nützlich für den Produzenten selbst oder für andere, wohingegen der „Verkehr der Warenproduzenten untereinander" die Besonderheit aufweist, dass darin die Arbeiten ihr „gesellschaftliches Band" (Marx) in ihrer Allgemeinheit als menschliche Arbeit besitzen.[89] In dieser Besonderheit entdeckt Marx das Grundprinzip, nach welchem die bestimmte Form einer Gesellschaft von Warenproduzenten sich aufbaut. Mit ihrer Bestimmung *beginnt* daher erst deren theoretische Darstellung, während Robert Kurz mit der Identifikation einer historisch nicht spezifizierten Gesellschaftlichkeit überhaupt der Arbeiten als „An-Sich" des Werts *endet*. Wenn Marx also die konkrete Gestalt des „Verkehrs der Produzenten", d.h. dessen Formbestimmungen zeigt als Entwicklungen jenes Bauprinzips und sich hütet, es allein schon zum Gegenstand eines Urteils zu machen, so steht Kurz gerade umgekehrt unter dem Zwang, auf die fertige Form der Warenzirkulation zu verweisen (ohne sie entwickelt zu haben oder auch nur dazu ansetzen zu können), damit seine Klügeleien über das *„An und für sich"* (99) der Gesellschaftlichkeit warenproduzierender Arbeit wenigstens den Anstrich einer Beschäftigung mit der Spezifik des Gegenstands erhält.

Ich habe vorhin schon darauf hingewiesen, dass die Kurzsche Annahme einer „Projektion" der verschiedenen besonderen Arbeiten „als gesellschaftliche" auf das Produkt, also dessen im Bewusstsein der Produzenten vollzogene Verwandlung in ein „abstraktes Arbeits-Ding" schon im Vorwege des Tausches, eine gemeinsame allgemeine Äquivalentform unmöglich machte. Trüge der Tischler seinen Tisch zum Markt in der Vorstellung, das handgreifliche Dasein einer bestimmten Menge gesellschaftlicher Arbeitszeit (wir sehen jetzt einmal davon ab, dass bei Kurz hier wieder die individuelle unmittelbar als gesellschaft-

---

89 Vgl. hierzu Marx 1990, S. 19ff sowie Marx 1970, S. 91. Siehe auch oben S. 85ff.

liche Arbeit figuriert) zum Tausch zu bieten, so würden ihm die auserkorenen Geschäftspartner in kürzester Zeit klar machen, wie konkret sein „Arbeits-Ding" und wie sehr daher beschränkt und keineswegs gesellschaftlich allgemein tatsächlich dessen Fähigkeit ist, menschliche Wünsche zu befriedigen. Führt ihn zum Beispiel der eigene Wunsch, sein persönliches Möbelstück zu Hause sonntäglich zu verzieren, zum Tuchmacher, so dass er dem erklärt, man habe ja beiderseits „für andere", daher gesellschaftlich gearbeitet und solle doch nun auch die Arbeitsprodukte miteinander tauschen, so schüttelt jener verständnislos den Kopf: nicht weil die Arbeit des Tischlers etwa „nicht mehr real existent" wäre; sie haftet im Gegenteil allzu sehr noch als bestimmtes nützliches Tun am hölzernen Gegenstand in seiner besonderen Tischgestalt, während der Tuchmacher allenfalls Kleinholz bräuchte, um sich zu Hause einzuheizen. Der Holzhacker wiederum begehrt zwar des Tischlers Ware, kann aber mit der seinen diesen nicht vom Ofen locken, der bereits gut befeuert ist. Offenbar haben alle drei für einander, insofern gesellschaftlich gearbeitet, aber eben nicht unmittelbar gegenseitig sondern vermittelt über den jeweiligen dritten. Es hat daher der gesellschaftliche Charakter ihrer Arbeiten keinen unmittelbaren Ausdruck in der konkreten Form ihrer Verausgabung, die sich am Produkt niedergeschlagen hat. Andererseits bringen sie aber nichts weiter mit auf den Markt als eben dieses in seiner weltlich endlichen, konkreten Gestalt, ganz egal, was ihre Phantasie noch dahineinprojizieren mag. Ein Handel kommt nur zustande, wenn eine der drei Waren einen zweifachen Händewechsel und so die Vermittlung praktisch vollzieht; zum Beispiel das Kleinholz wechselt im Gegenzug für den Tisch zum Tischler, um von diesem dann gegen das ersehnte Tuch getauscht zu werden. Für den Tischler stellt sich so zwar immer noch nicht sein Tisch, aber doch das Kleinholz als unmittelbar austauschbarer Gegenstand dar, die Holzhackerei daher als unmittelbar gesellschaftliche Arbeit, und so mag er in seinen zufriedenen Träumen nach erfolgreichem Markttag immerhin dem Kleinholz den Nimbus eines „abstrakten Arbeits-Dings" verpassen. Von der ihm wertkritisch unterschobenen Projektion der gesellschaftlichen Arbeit auf sein eigenes Produkt aber wäre er mit Sicherheit ein für alle Mal kuriert.

Geld als Phantom –
oder wie es der Wertkritik den Fetisch rettet

Der Wertkritiker selbst ahnt freilich nichts von alledem, denn mit sicherem Instinkt meidet er sorgsam jeden engeren Kontakt mit der Sphäre, worin die Warenbesitzer (sie müssen übrigens nicht einmal unbedingt identisch sein mit den Produzenten) sich als solche betätigen. Indes gerät er mit seiner Projektionstheorie in ein ganz anderes Dilemma. Denn sowohl in dem Akt der Projektion der eigenen Arbeit auf das Produkt als auch in seinem Resultat, dem abstrakten Arbeitsding, wie absurd sie seinem mechanischen Verstand, worin Zeit und Raum niemals zusammenkommen, auch anmuten mögen, bleibt immerhin der Produzent das tätige, schöpferische Element, und die Sache erscheint als seine Kreatur und vollkommen abhängig von ihm. Soviel aber hat auch Kurz halbwegs mitgekriegt, dass mit dem Fetischcharakter der Ware Marx gerade ein umgekehrtes Verhältnis bezeichnet, worin die Sache sich nicht zeigt als menschliches Produkt oder Arbeitsding, das seine Bestimmungen aus menschlicher Kraftentfaltung erhält, sondern vielmehr als aus eigener Kraft mit seinesgleichen sich in Beziehung setzendes Subjekt, von welcher Betätigung die Menschen wie Marionetten bewegt scheinen. Der vermeintlich entdeckte Fetisch, beginnt es Kurz also zu dämmern, ist noch gar keiner:

> „Müsste jeder Produzent ausdrücklich zwischen Produktion und Austausch bewusst seine vergangene Arbeit als Phantom-Eigenschaft auf das Produkt projizieren, so würde ihm die ‚Verrücktheit‘ dieses Vorgangs sofort ins Auge springen, der Fetisch läge offen als solcher da und wäre also kein Fetisch mehr." (100)

Ein richtiger Fetisch wäre demnach ein solcher, der sich nicht als solcher zu erkennen gibt. Was für ein „Fetisch" aber wäre dann derjenige, der sich herausgestellt hat, „kein Fetisch" zu sein? Kurz hätte natürlich einfacher sagen können: Nicht die sogenannte „Projektion" macht die Ware zum Fetisch, sondern ein Vorgang, in dem sich keine Spur davon findet. Dann freilich hätte er endlich unumwunden eingestanden, dass seine gesamten bisherigen Ausführungen am Kern des Problems vorbeigegangen sind. Indem aber dem psychologisierenden Wertkritiker das Bewusstsein der Abstammung der Waren von menschlicher Arbeit, das Wissen um ihr Dasein als menschliche Produkte, d.h. gegenständliche Ausdrücke menschlichen Produzierens, sich verdunkelt zur „Projektion" oder „Verrücktheit",[90] hat bereits er selbst unter der Hand sie verwandelt in von den Menschen völlig unabhängige Existenzen und so seinen ganz persönlichen Fetischismus kreiert, den er – richtiger Fetischist – natürlich nicht bemerkt. Dies bedenkend können wir vielleicht nachfühlen, warum Kurz darauf besteht, dass der falsche oder, wie er sagt: der „offen"-liegende Fetisch, d.h. der verkehrte oder aufgehobene Fetisch, der Fetisch, der keiner ist, dennoch der eigentliche sei, der vom richtigen, nämlich „durch die *Zirkulationssphäre*", nur „befestigt" (99) werde.

Wie aber jetzt gelangen vom eigentlichen zum richtigen, vom unbefestigten zum „befestigten" Fetisch? Anders gefragt:

---

90 Dem aufmerksamen Leser wird nicht entgangen sein, dass Kurz die Verrücktheit in Anführungsstriche gesetzt hat. Wahrscheinlich signalisieren sie, dass er den Ausdruck von Marx übernommen hat, der im vierten Unterabschnitt des ersten Kapitels zum „Fetischcharakter der Ware" schreibt: „Wenn ich sage, Rock, Stiefel usw. beziehen sich auf Leinwand als die allgemeine Verkörperung abstrakter menschlicher Arbeit, so springt die Verrücktheit dieses Ausdrucks ins Auge. Aber wenn die Produzenten von Rock Stiefel usw. diese Waren auf Leinwand – oder auf Gold und Silber, was nichts an der Sache ändert – als allgemeines Äquivalent beziehn, erscheint ihnen die Beziehung ihrer Privatarbeiten zu der gesellschaftlichen Gesamtarbeit genau in dieser verrückten Form." (Marx 1970, S. 90) Wie man sieht, ist hier von der Beziehung der individuellen Arbeiten auf ihr jeweiliges Produkt überhaupt nicht die Rede, also auch nicht von einer darin etwa lauernden „Verrücktheit", sondern von der bestimmten gesellschaftlichen Beziehung der Privatarbeiten sowie ihrer Produkte aufeinander. „Verückt" an diesem Bezug ist, wie Marx in der Untersuchung der Wertform zeigt, die Tatsache, dass auch die in der Leinwandproduktion verausgabte Arbeit in Wahrheit *konkrete* Arbeit ist und keineswegs rein abstrakte. Daher konnte Kurz für seine Argumentation die Stelle weder ausdrücklich zitieren noch auf sie verweisen.

Wie kann der Produzent schnellst möglich wieder vergessen, was er doch soeben auf sein Produkt „projizierte", dass es „für ihn" Produkt seiner menschlichen Arbeit ist? Auf die denkbar bequemste Weise: Man redet ihm seine Projektion einfach wieder aus. Hatte Kurz gerade noch weitschweifig sich über die „Form" ausgelassen, worin der Produzent den produzierten Gegenstand als Arbeitsding „wahrnimmt", so ist das im nächsten Augenblick alles Makulatur, denn:

„Freilich tut er" (der Produzent) „dies so nicht bewusst."

Er „nimmt" also nicht wirklich sein Produkt „für sich wahr" als „abstraktes Arbeits-Ding", sondern offenbar als etwas anderes. Statt dessen haben „Wir", nämlich die schon allein durch ihren „Standpunkt" der Wertkritik (Originalton Kurz) mit Durchblick Gesegneten,[91]

„ … analytisch einen Vorgang" nachgezeichnet, „wie er sich ‚hinter seinem Rücken' abspielt; …" (100)

also jenseits seiner Wahrnehmung. Das heißt: „Wir" haben einen Vorgang „analytisch" dargestellt, der sich „so", wie ihn die sogenannte „Analyse" präsentiert, nämlich als bestimmte geistesgegenwärtige Operation des Produzentenkopfes, gerade nicht „abspielt". Den Vorgang dagegen, wie er sich tatsächlich abspielt, den Vorgang hinterm Rücken des Produzenten, sind „wir" gar nicht erst „analytisch" angegangen. „Wir" haben also, auf Deutsch gesagt, unser Publikum (und wohl auch uns selber) bloß ein bisschen verarscht.

Die Projektion wäre jetzt zwar glücklich wieder aus der Welt geschafft, jedoch im Wege der bloßen Versicherung ihres Erfinders, dass es sie „so" nicht gibt. Wir sind den falschen Fetisch fürs erste los, haben darum aber den richtigen, den, der seine wahre Natur verbirgt, noch lange nicht zu Gesicht bekommen.

---

91 „Durchschaubar als bestimmtes gesellschaftliches Verhältnis, das die Fetischisierung der vergangenen Arbeit zur dinglichen Produkteigenschaft *objektiv notwendig* erzeugt, wird das Wertverhältnis ja erst vom Standpunkt seiner *Kritik* aus, d. h. bei hinreichender Entwicklung seines inneren Widerspruchs bis zur Krise der gesellschaftlichen Reproduktion und zunächst auch nur in wissenschaftlicher Form." (100)

Für den Kritiker qua „Standpunkt" (der „proletarische Klassenstandpunkt" lässt hier von ferne grüßen) besteht da indes keine Schwierigkeit mehr, glaubt er doch, die Tücken einer weiteren Analyse „überhaupt" sich sparen zu können, denn:

> „Für die im Wertverhältnis befangenen Produzenten jedoch stellt sich ihr Verhältnis natürlich überhaupt nicht analytisch aufgegliedert dar. Für sie ist es ein unmittelbares Ganzes, das *Resultat* geht also immer schon unmittelbar in die *Voraussetzung* ein." (100)

Ehe jetzt das muntere Schwatzen übers „unmittelbare Ganze", wie es den „befangenen Produzenten" sich darstellt, uns mit jenem „Resultat" näher auf die Pelle rückt, das zugleich Voraussetzung sein und so den falschen zum richtigen Fetisch „befestigen" soll (man ahnt sicher schon, was da ins Haus steht), sollten wir unsererseits „analytisch" noch einmal „aufgliedern", was die Kritik uns bislang dargestellt hat und was nicht, eine notwendige Unterscheidung, die im plätschernden Gleichklang der Kurzschen Wortwahl allzu leicht untergeht. Das „Wertverhältnis" nämlich, in dem die Kritik die Produzenten „befangen" sieht, wurde dargestellt als Verhältnis des Einzelnen zu seinem Produkt. Vom „Verhältnis" der Produzenten im Plural dagegen, also von ihrem Verhältnis untereinander, war „analytisch aufgegliedert" überhaupt nicht die Rede, wenn man einmal absieht von jener anfänglichen, leider völlig verunglückten Bestimmung des Privatcharakters warenproduzierender Arbeit. In der zuvor gegebenen Kurzschen Versicherung, dass

> der „*Austausch* selber oder der ‚Tauschakt'" es sei, „der im praktischen Handeln die fetischistische Natur der ‚Wertgegenständlichkeit' verschleiert und im Bewusstsein verfestigt, statt sie zu offenbaren" (100),

findet sich rein gar nichts „analytisch aufgegliedert", sondern das „unmittelbare Ganze" nicht anders, als es den „befangenen Produzenten" sich darstellt. Der „Standpunkt" der Kritik ist demnach derjenige des „befangenen" Bewusstseins selbst, über welche unmittelbare Identität er mit der „analytischen" Phrase sich bloß illusorisch erhebt. Er nimmt darum besagtes „Resultat", nicht weniger befangen, als immer schon gegebene Voraussetzung, wie eine glückliche Fügung gewissermaßen, die ihm endlich den richtigen Fetisch beschert:

„Dieses Resultat aber ist die Fortentwicklung des Werts über die erscheinende Wertform (der zweiten Ebene in der Zirkulation) hin zum *Geld*. Der Charakter des Warenfetischs verschleiert sich also für den Produzenten dadurch, dass er die Projektion vergangener Arbeit auf das Produkt nicht als solche vornimmt, sondern sich in seinem Hirn bereits die fertige Geldform hineinmengt." (100)

Erst das Geld also macht dem wertkritischen Durchblick den Warenfetisch komplett, dessen Darstellung ihm ohne dies nicht gelingen wollte, wohingegen Marx den Geldfetisch zeigt als

„nur das sichtbar gewordene, die Augen blendende Rätsel des Warenfetischs",[92]

Letzteren aber unabhängig davon zuvor schon dargestellt und aus der einfachen Wertform der Ware entwickelt hat.[93] Anders können die Mystifikationen, mit denen die Geldform sich umgibt, auch gar nicht aufgelöst werden, wie nun auch der fundamentale Wertkritiker unfreiwillig demonstriert: Sein Warenproduzent nämlich

„sagt also nicht: ich projiziere die vergangene Arbeit als Phantombild auf das Produkt, wodurch diese vergangene Arbeit für mich zur dinglichen Produkt-Eigenschaft ‚gerinnt'. Er sagt vielmehr: der Tisch ist ‚hundert Mark wert'. Dem Wesen nach beinhalten beide Aussagen dasselbe, jedoch die zweite ist schon vom Standpunkt des Resultats aus formuliert und erscheint daher im Unterschied zur ersten als normal und ‚natürlich'."

---

92   Marx 1970, S. 108.

93   „Jedermann weiß, wenn er auch sonst nichts weiß, dass die Waren eine mit den bunten Naturalformen ihrer Gebrauchswerte höchst frappant kontrastierende, gemeinsame Wertform besitzen – die Geldform. Hier gilt es jedoch zu leisten, was von der bürgerlichen Ökonomie nicht einmal versucht ward, nämlich die Genesis dieser Geldform nachzuweisen, also die Entwicklung des im Wertverhältnis der Waren enthaltenen Wertausdrucks von seiner einfachen Gestalt bis zur blendenden Geldform zu verfolgen. Damit verschwindet zugleich das Geldrätsel." (ebenda S. 62)

Lässt man hier einmal den psychologisierenden Schnickschnack von der Projektion eines „Phantombildes" weg, reduziert ihn also auf den gemeinten, darin, wenn auch kaum mehr wiedererkennbar, vergrabenen rationalen Gehalt, die den Warenwert begründende abstrakte Arbeit, so behauptet Kurz, der Ausdruck „Der Tisch ist hundert Mark wert" sage „dem Wesen nach dasselbe", als würde die auf den Tisch verausgabte gesellschaftlich notwendige Arbeitszeit unmittelbar angegeben. Das Geld wäre demnach „dem Wesen nach" fähig, den Wert der Waren, die in ihrer Produktion verausgabte gesellschaftlich notwendige Arbeitszeit nicht nur *relativ*, sondern *absolut* auszudrücken. Der selber wesentliche Unterschied zwischen dem Wesen des Werts, seiner Substanz, und der Form ihres Erscheinens, zwischen Voraussetzung und Resultat ist so in der Tat im „unmittelbaren Ganzen" spurlos verschwunden nicht nur für „die im Wertverhältnis befangenen Produzenten", sondern erklärtermaßen „dem Wesen nach" für die Wertkritik selbst. Das Geld bleibt in seiner fetischhaften, scheinbaren Allmacht analytisch unangetastet. Es ist tatsächlich der Fetisch auch der Wertkritik, die den „substanzlosen Schein" (Marx) des Geldes mit der gleichen Inbrunst bloß verteufelt, mit welcher etwa die merkantilistischen Theoretiker ihn vergötterten.

Schluss

Unser Durchgang durch den Kurzschen Text, der sozusagen klassisch die fundamentale Wertkritik formuliert, ist damit abgeschlossen, was nicht heißt, dass seine Argumentation nun in allen Einzelheiten dargestellt wäre. Die ist, wie Leser, die bis hierher – Respekt! – durchgehalten haben, sich wohl gut vorstellen können, ein weites Feld, das zu beackern und kritisch zu würdigen, leicht eine Arbeit des doppelten Umfangs meiner hier vorgelegten Kritik annehmen könnte. Am Ende erschiene aber auch mir solch ein Unternehmen als zu viel der Liebe gemessen am Ertrag zusätzlicher Erkenntnis, den es noch verspräche. Ich will indes nicht ausschließen, dass eine gesonderte Behandlung des einen oder anderen Details, in Verbindung vielleicht mit ähnlich angelegten anderen Konzeptionen der Wertkritik, weitere Einsichten in die theoretische Verfasstheit und den gesellschaftlichen Stellenwert des wertkritischen Diskurses liefern könnte. Am Gesamtbild seiner fundamentalen Version, das sich uns jetzt ergeben hat, dürften entsprechende Versuche freilich kaum Entscheidendes ändern.

Bleibt bis auf weiteres abschließend die anfangs gestellte Frage zu beantworten, was es zu lernen gab von der fundamentalen Wert- sowie namentlich ihrer Fetischkritik. Letztere hatte sich schließlich erwiesen als extravagante, gleichwohl ganz und gar harmlos unkritische Variation der Fetischisierung des Geldes, also der blendendsten aller ökonomischen Formen kapitalistischer Produktion, weil als deren erste Totalität ihre Bewusstseinsformen am vollständigsten unmittelbar durchtränkend. Das Verdienst der fundamentalen Wertkritik beschränkt sich hier darauf, das Thema überhaupt aufgeworfen zu haben, was allerdings seinerzeit (1987) nicht gerade eine Kleinigkeit war, bedenkt man in welch erbärmlichem Zustand linke Kapitalismuskritik seit dem Ende der siebziger Jahre und im Grunde bis heute dahinsiecht. Berücksichtigt man zudem, aus welcher besonderen Unbedarftheit hinsichtlich ökonomischer Theorie die Autoren ihrer näheren politischen Abstammung nach innerhalb des linken Spektrums sich herauszuarbeiten hatten, so kann der Respekt nur wachsen. Letzteres erklärt freilich auch zum Gutteil die seltsame Mischung aus großer kritischer Gestik und kleinkariertem Dilettantismus in der dieser Umsturz des Marxismus dahergekommen ist. Das Publikum aber, dem er zugedacht war (wie ich selbst zählten seinerzeit vermutlich die meisten Leser dieser Kritik dazu), im selben Denken und Trachten beheimatet, konnte überwiegend gar nicht anders, als beeindruckt zu sein. Unter den Blinden ist halt der Einäugige König. Es erscheint mir jedenfalls als symptomatisch und die fundamentale Wertkritik, bei aller grausamen Entstellung, welche die Marxsche Theorie darin erfährt, in einem gewissen Grad rechtfertigend, auf welches Schweigen im Walde dieses ihr klassisches Werk dort bis heute gestoßen ist, während so mancher zweitrangige

Erguss aus derselben Quelle schon des längeren und breiteren erörtert wurde. Ein grummelndes Unbehagen, die eine oder andere vorsichtige Nachfrage und ansonsten etwas Ratlosigkeit, vor allem aber ziemlich viel Ehrfurcht vor dem ungewöhnlich detaillierten Umgang mit Marxens Werttheorie, von der man selber kaum etwas verstand – das ist schon fast alles, was die Rezeption des wertkritischen Fundamentalopus gezeitigt hat. Ich sage fast, denn mir sind zwei Fälle bekannt, die aus diesem Rahmen immerhin etwas herausfallen.[94]

Jedenfalls muss, gemessen an der theoretischen Verfassung des nicht akademisch mehr oder weniger gesettelten Teils der

---

94   Es sind dies zum ersten (einmal mehr; vgl. oben, S. 64, Fn.) Die „Antiantiarbeitsthesen" von C., Frankfurt (darin der Abschnitt „'Abstrakte Arbeit und Sozialismus' revisited", C., Ffm, S. 40ff) und zum zweiten „Anmerkungen zu Robert Kurz' Abstrakte Arbeit und Sozialismus" von Diethard Behrends, Kornelia Hafner u.a. (Behrends, Hafner 1991, S. 43ff). Beide Texte indes, obwohl sie auf bestimmte gravierende Schwächen der Kurzschen Wertkritik hinweisen, sind andrerseits nicht in der Lage, wesentliche (je entgegengesetzt) zugrundeliegende Prämissen kritisch auflösen, bzw. teilen sie (im zweiten Fall) sogar ausdrücklich. Die „Anmerkungen" belassen es daher von vornherein zumeist bei wissend klingenden, ihr Wissen aber kaum preisgebenden Andeutungen darüber, dass die Kategorien der Marxschen Analyse jeweils in einem bestimmten Kontext stehen, den Kurz ignoriere, in welchem dunklen Geraune insbesondere der entscheidende Punkt der Bestimmung der Wertsubstanz nachvollziehbarer Betrachtung entrückt bleibt. Die Frage ist so nur noch, ob der Nürnberger Autodidakt oder nicht besser doch das Frankfurter kantianisch-hegelianische Spezialistentum hierzu das Patent erhält. Die Antithesen von C. machen dagegen die Frage der Wertsubstanz zum Angelpunkt der Kritik des Kurzschen Textes und bestehen völlig zu Recht auf ihrer historisch übergreifenden Gültigkeit. Jedoch wird die, wie bei Kurz, als unmittelbarer Ausgangspunkt der Argumentation genommen. Gegen die Kurzsche Entleerung des Begriffs der abstrakten Arbeit kämpfen die Thesen daher vor allem philosophisch bzw. philosophiegeschichtlich an. Sie bleiben insofern dem Gang der Marxschen Darstellung äußerlich, lassen vor allem aber das ganze von Kurz damit veranstaltete Chaos (etwa den Humbug mit der doppelten Wertform, um nur den offensichtlichsten Klops zu nennen) unbeanstandet durchgehen.

Linken, schon als großer Schritt bewertet werden, dass der Fetischcharakter der modernen Produktionsverhältnisse bis hinunter in deren Zellform überhaupt wieder zur Kenntnis genommen wurde. Gerade weil aber dieser Schritt sich so gewaltig ausnahm, entstand für viele und namentlich für seine propagandistischen Pioniere offenbar der Eindruck, als ob schon mit dieser allgemeinen Kenntnisnahme der fetischistischen Natur von Warenproduktion allein ihre bestimmten Fetische bereits entzaubert wären. Und so kehrte sich unter der Hand die Fragestellung um, die Marxens Kritik der politischen Ökonomie leitet. Während diese den Fetischismus warenproduzierender Verhältnisse, wie er namentlich in der Geldform manifest wird, zunächst *konstatiert*, um ihn vor allem zu *erklären*, also herauszufinden, was genau wie und warum in solchen Formen zum Vorschein kommt, scheint der Wertkritik mit der Entdeckung, dass überhaupt Warenproduktion Fetischismus erzeugt, deren Erklärung abgeschlossen. Der Fetischismus soll ihr die Warenproduktion erklären (und mittlerweile die ganze bisherige Menschheitsgeschichte), bleibt aber so, nämlich ohne die Untersuchung der konkreten Gestaltungen von Warenproduktion, die ihn erzeugen, selber unbestimmt in sich und unerklärt, so dass er seinerseits in Wahrheit nichts erklärt.

In einer zusammenfassenden Würdigung seines werttheoretischen Vorfahren H.G. Backhaus schreibt Robert Kurz:

> „Backhaus hat sich im begrifflichen Labyrinth der Wertabstraktion verirrt, weil er das wirklich Konkrete, das gesellschaftliche System der Arbeitsteilung mit seiner Totalität der vielfältigen nützlichen Arbeiten, außen vor gelassen und die ‚Konkretion‘ bloß innerhalb des Wertbegriffs selber gesucht hat." (70)

Nimmt man einige kleine Änderungen am Wortlaut vor, dann kann dieses Urteil sehr gut dazu dienen, die Kritik seiner eigenen Arbeit zusammenzufassen. In der Tat hat Kurz sich hoffnungslos verirrt im „Labyrinth der Wertabstraktion", das freilich kaum ein „begriffliches" genannt werden kann, denn begriffen hat er die bestimmte Abstraktion des Werts gerade nicht. Er kennt sie nur als fertige Abstraktion, die sich von jeder Erinnerung an den bestimmten Vorgang des Abstrahierens, an das Konkrete, von dem sie abstrahiert war, emanzipiert hat; und da mit der Erinnerung der ganze Inhalt flöten ist, macht das „Labyrinth" eher den trostlosen Eindruck einer Wüste. Und so bleibt allerdings notgedrungen „das wirklich Konkrete", wie Kurz formuliert, „außen vor", nämlich dem Wert äußerlich, ihm nur von ungefähr gegenüberstehend. Das wirklich Konkrete nicht als Phrase, nicht als selber bloß abstrakter Bezugspunkt, nicht als heile Welt, vor welcher die sogenannte „Wertabstraktion" besonders schauerlich erscheint, sondern als entwickelte Totalität des bestimmten, besonderen „Systems der Arbeitsteilung", mit dem wir es konkret zu tun haben, wo die Produkte der Arbeit Wertcharakter annehmen – das ist die Entwicklung des Werts zur Wertform, zur Geld-, schließlich zur Kapitalform und, so muss spätestens heute (seit dem manifest gewordenen Epochenbruch) hinzugefügt werden, zu den Formen, in die das Kapital seinerseits sich aufzulösen im Begriffe ist.

Wenn es mir, wie ich zu hoffen wage, gelungen sein sollte, den Gang dieser Entwicklung gegen ihre wertkritische Mystifizierung zumindest in seinen ersten Schritten ein bisschen durchsichtig und so beschreitbar zu machen, wäre vielleicht auch der Gegenstand, der mir solches abverlangte, zu seinem Recht gekommen und müsste nicht als noch so eine schrullige Herumdokterei an der Marxschen Werttheorie mit anderen Versuchen des im Sande verlaufenden Neomarxismus der Nachkriegsgeneration sang- und klanglos in der Versenkung verschwinden.

Literatur

Backhaus, Hans Georg: Zur Dialektik der Wertform. In Alfred Schmidt (Hg.): Beiträge zur marxistischen Erkenntnistheorie. Frankfurt a.M. (Suhrkamp) **1969**. Wieder abgedruckt in Hans Georg Backhaus: Dialektik der Wertform. Untersuchungen zur marxschen Ökonomiekritik. Freiburg (ça ira) 1997. URL: http://www.isf-freiburg.org/verlag/leseproben/backhaus-dialektik.wertform_lp.html

Behrends, Diethard, **Hafner**, Kornelia u.a: Anmerkungen zu Robert Kurz' Abstrakte Arbeit und Sozialismus. In Förderverein Krisis e.V.: Krisis-Rundbrief Nr. 1, Dezember **1991**. URL: http://www.rote-ruhr-uni.com/texte/kurzkritik.pdf

C., Frankfurt am Main (**Ffm**): Antiantiarbeitsthesen. In IMK Initiative Marxistisch Kritik: Rundbrief 30, Mai **1991**

Castoriadis, Cornelius: Wert, Gleichheit, Gerechtigkeit, Politik. Von Marx zu Aristoteles und von Aristoteles zu uns. In ders.: Durchs Labyrinth. Seele, Vernunft, Gesellschaft, Frankfurt am Main (Suhrkamp) **1983**

Dockerill, Daniel: Krisis am Ende. Wie ein Versuch, die Kritik der Politischen Ökonomie zu aktualisieren, in ihrer Abspaltung verpuffte. In Übergänge. Zirkular zur Kritik von Ökonomie & Politik. Nr. 1, Juni **1994**. URL: http://www.proletarische-plattform.org/app/download/ 4781027964/uebergaenge_Nr_1.pdf?t=1364046685

Editorial. In Marxistische Kritik 1 (**MK 1**), März **1986**. URL: http://www.krisis.org/1986/marxistische-kritik-1-editorial

Hegel, Georg Wilhelm Friedrich: Wissenschaft der Logik Erster Teil. Frankfurt am Main (Suhrkamp) **1969**. URL: http://www.zeno.org/Philosophie/M/Hegel,+Georg+Wilhelm+Friedrich/Wissenschaft+der+Logik/Erster+Teil.+Die+objektive+Logik

Hegel, Georg Wilhelm Friedrich: Enzyklopädie der philosophischen Wissenschaften. Erster Teil. Frankfurt am Main (Suhrkamp) **1970**. URL: http://www.zeno.org/Philosophie/M/Hegel,+Georg+Wilhelm+Friedrich/Enzyklop%C3%A4die+der+philosophischen+Wissenschaften+im+Grundrisse/Erster+Teil.+Die+Wissenschaft+der+Logik.

Heinrich, Michael: Die Wissenschaft vom Wert. Die Marxsche Kritik der politischen Ökonomie zwischen wissenschaftlicher Revolution und klassischer Tradition. Hamburg (VSA) **1991**. Überarbeitete und erweiterte Neuauflage. Münster (Westfälisches Dampfboot) 1999, 3. korr. Aufl. **2003**

Heinrich, Michael Heinrich: Kritik der politischen Ökonomie. Eine Einführung. Stuttgart (Schmetterling) **2004**. URL: http://www.linke-buecher.de/texte/not-public/Heinrich-Michael--Kritik-der-politischen-Oekonomie-Eine-Einfuehrung.htm

Kurz, Robert: Die Krise des Tauschwerts. Produktivkraft Wissenschaft, produktive Arbeit und kapitalistische Reproduktion. In Marxistische Kritik 1, März **1986**. URL: http://www.exit-online.org/textanz1.php?tabelle=autoren&index=22&posnr=98&backtext1=text1.php

Kurz, Robert: Abstrakte Arbeit und Sozialismus. Zur Marx'schen Werttheorie und ihrer Geschichte. In Marxistische Kritik 4, Dezember **1987**. URL: http://www.exit-online.org/textanz1.php?tabelle=autoren&index=22&posnr=8&backtext1=text1.php

Kurz, Robert: Kollaps der Modernisierung. Frankfurt am Main (Eichborn) **1991**

Kurz, Robert: Geschlechtsfetischismus. Anmerkungen zur Logik von Männlichkeit und Weiblichkeit. In Krisis 12, **1992**. URL: http://www.exit-online.org/textanz1.php?tabelle=autoren&index=22&posnr=40&backtext1=text1.php

Kurz, Robert: Subjektlose Herrschaft. In Krisis 13, Dezember **1993**. URL: http://www.exit-online.org/textanz1.php?tabelle=autoren&index=22&posnr=135&backtext1=text1.php

Kurz, Robert: Geld ohne Wert. Grundrisse zu einer Transformation der Kritik der politischen Ökonomie, Berlin (Horlemann) **2012**

Lenin, Wladimir Iljitsch: Konspekt zu Hegels „Wissenschaft der Logik". In ders.: Werke, Band 38, Berlin (Dietz) **1971**

Lenin, Wladimir Iljitsch: Karl Marx (Kurzer biographischer Abriss mit einer Darlegung des Marxismus). In ders.:

Werke, Band 21, Berlin (Dietz) **1974**. URL: http://www.red-channel.de/LeninWerke/LW21.pdf

Lindemann, Franz: Ontologie und Geschichte. Über den Ursprung einiger Schwierigkeiten im Verständnis der Kritik der politischen Ökonomie. In Übergänge. Zirkular zur Kritik von Ökonomie & Politik. Nr. 1, Juni **1994**. URL: http://www.proletarische-plattform.org/app/download/4781027964/uebergaenge_Nr_1.pdf?t=1364046685

Lohoff, Ernst: Der Zusammenbruch einer Zusammenbruchstheorie. Henryk Grossmann und die Marxschen Reproduktionsschemata. In Marxistische Kritik 5, Dezember **1988**. URL: http://www.krisis.org/1988/der-zusammenbruch-einer-zusammenbruchstheorie

Luxemburg, Rosa: Die Krise der Sozialdemokratie. In dies.: Gesammelte Werke, Band 4. Berlin (Dietz) **1974**. URL: http://www.mlwerke.de/lu/luf.htm

Marcuse, Herbert: Zum Begriff des Wesens. In Zeitschrift für Sozialforschung 5 (1936). Wieder abgedruckt in Herbert Marcuse: Schriften, Band 3, Frankfurt am Main (Suhrkamp) **1979**. URL: http://www.dearchiv.de/php/dok.php?archiv=mew&brett=MEW031&fn=131-133.31&menu=mewinh

Marx, Karl: Brief an Friedrich Engels vom 31. Juli 1865. In Marx Engels Werke (MEW), Band 31, Berlin (Dietz) **1965**

Marx, Karl: Das Kapital. Kritik der politischen Ökonomie. Erste Ausgabe (1867). Auszugsweise in Iring Fetcher (Hg.): Marx-Engels Studienausgabe. Band II, Politische Ökonomie. Frankfurt a.M. (Fischer) **1966**

Marx, Karl: Das Kapital. Kritik der politischen Ökonomie. Erster Band. In MEW, Band 23, Berlin (Dietz) **1970**. URL: http://www.mlwerke.de/me/me23/index.htm

Marx, Karl: Theorien über den Mehrwert. Dritter Teil. In MEW, Band 26.3, Berlin (Dietz) **1976**. URL: http://marxwirklichstudieren.files.wordpress.com/2012/11/mew_band26-3.pdf

Marx, Karl: Randglossen zu Adolph Wagners Lehrbuch der politischen Ökonomie". In MEW, Band 19, Berlin (Dietz) **1978**. URL: http://www.mlwerke.de/me/me19/me19_355.htm

Marx, Karl: Grundrisse der Kritik der politischen Ökonomie. In MEW, Band 42, Berlin (Dietz) **1983**. URL: http://www. linke-buecher.de/texte/marx-engels/mew42.pdf

Marx, Karl: : Zur Kritik der politischen Ökonomie. In MEW, Band 13, Berlin (Dietz) **1990**. URL: http://www.mlwerke.de/ me/me13/me13_015.htm

Nachtmann, Clemens: Wenn der Weltgeist dreimal klingelt. Zur Geschichtsmetaphysik der „Krisis"-Gruppe. In Bahamas Nr. 21, Herbst **1996**

Neusüß, Christel: Kopfgeburten der Arbeiterbewegung oder: die Genossin Luxemburg bringt alles durcheinander. Osnabrück (Montage) **1992**

Rubin, Isaak Iljitsch: Studien zur Marxschen Werttheorie. Frankfurt am Main, (Neue Kritik) **1973**. URL: http://archive. org/stream/IsaakIljitschRubin-StudienZur-MarxschenWerttheorie/ IsaakRubin-StudienZurMarxschenWerttheorie_djvu.txt

Rubin, I.I., **Bessonow**, S.A. u.a.: Dialektik der Kategorien. Debatte in der UdSSR (1927-1929). Westberlin (VSA) **1975**

Steinvorth, Ulrich: Stationen der politischen Theorie. Hobbes, Locke, Rousseau, Kant, Hegel, Marx, Weber. Stuttgart (Reclam) **1983**

Wolf, Dieter: Ware und Geld. Der dialektische Widerspruch im „Kapital". Hamburg (VSA) **1985**

Guenther Sandleben,
Horst Schulz
und Daniel Dockerill

über

Michael Heinrichs „neue Marx-Lektüre",
Marx' Kritik des Proudhonismus,
Georg Lukács' Beitrag zur Wertkritik,
Irrwege des Antikapitalismus
einst und jetzt
und weiteres

erscheint voraussichtlich im Frühjahr 2015

Als Broschüre
(20 Seiten, DIN A6)
oder online erhältlich über
www.proletarische-plattform.org

„ … So ungewiss die Zukunft des Kommunismus, d.h. des Klassenkampfes des Proletariats um seine Selbstaufhebung heute erscheinen mag, so gewiss ist er kein Hirngespinst oder Fabeltier, insofern er nämlich eine nur allzu wirkliche, höchst dramatische Geschichte bereits hinter sich und dennoch nicht abgeschlossen hat. Eine Geschichte, die einerseits von seinen Gegnern als an sich längst erledigt betrachtet, von vielen seiner trotzigen Anhänger andererseits schamhaft ignoriert wird, so als könne man heute in aller Unschuld noch einmal ganz von vorne anfangen. …“
(Auszug aus *Programmatische Eckpunkte der proletarischen Plattform*)

Inhalt: Die Partei DIE LINKE – Ansatzpunkte für eine kommunistische Politik / Generalangriff auf die Arbeiterklasse zwingt zum Widerstand / Orientierungspunkte der Arbeiterklasse / Transformationen und Bruchstellen in der Partei DIE LINKE / Zur Entstehung einer revolutionär-kommunistischen Arbeiterpartei
Als Broschüre (20 Seiten, DIN A6)
oder online erhältlich über
www.proletarische-plattform.org

Broschiert, 121 Seiten. 7,90 €
ISBN 978-3-8423-3654-4

Band 1 der proletarischen Texte,
Schriftenreihe, herausgegeben
von der proletarischen Plattform

Erhältlich überall im Buchhandel

„Das Büchlein will in der Hauptsache die auch unter Linken verbreitete, bürgerliche, These widerlegen, die neue Weltwirtschaftskrise sei durch den Kollaps der Finanzwelt ausgelöst worden – populär ausgedrückt: durch die Gier der Banker.

Sandleben stellt die These auf den Kopf und weist nach, dass es sich umgekehrt verhält: ‚Indem die Realwirtschaft als überwiegend stabil betrachtet wird, wird die Krisenursache von vornherein jenseits des Warengeschehens angesiedelt. Diese Externalisierung des Krisengeschehens führt dazu, dass die große Krise von 2007–2010 durch historisch einmalige Ereignisse erklärt und dadurch als eine Art Verkehrsunfall beschönigt wird.‘ Anstelle einer Finanzmarktkrise hat er es also mit einer Krise des kapitalistischen Systems zu tun. Sandleben führt verständlich und übersichtlich in eine marxistische Erklärung der Krise ein und behandelt dabei auch ihre unterschiedlichen Phasen: von der Immobilienblase bis zur Schuldenkrise. Von besonderem Interesse ist sein Blick auf die Entwicklung der Weltwirtschaft nach 1990: Der Fall der Mauer habe eine neue ‚Sturm- und Drang-Periode des Kapitals‘ ausgelöst, die erst die Voraussetzungen für die ‚große Krise‘ geschaffen hat.“ (Aus *SoZ. Sozialistischen Zeitung Nr. 04/2012*)

Emil Neubauer: **Der hässliche Deutsche – Dritter Akt?**
Untersuchung und Zusammenschau zur deutschen Gegenwartsge-
schichte in drei Teilen, die jeweils Buchumfang besitzen.

Teil I. Kritik der deutschen Zustände und Ideologie, insbesondere der
Außenpolitik der Berliner Republik nach 1989.

Teil II trägt den Arbeitstitel: Deutschlands Weg zur Vormacht in Europa nach 1945

Teil III soll thematisieren: Die Krise der EU als Moment der großen
Weltwirtschaftskrise und die Rolle des Proletariats beim wiederhol-
ten deutschen Griff nach der Weltmacht.

Teil I wurde in einer Vorabversion auf www.proletarische-plattform.
org ab März 2013 nach und nach online gestellt. Er erscheint nun in
der Druckfassung in zwei Halbbänden der Schriftenreihe *proletarische
Texte*.

Der erste Halbband skizziert die gebrochenen zentralen Kontinuitäts-
linien der deutschen Zustände und Ideologie, insbesondere der Entwicklung nach 1989. Es ist das nur analytisch getrennte ideologische

Moment jenes sich 25 Jahre
steigernden ökonomischen und
politischen Machtzuwachses,
der sich in Deutschlands „erfolg-
reicher" Außenpolitik auf dem
Weltparkett und insbesondere in
Europa nach 1989 manifestiert.
Die Darstellung dieser Außenpolitik ist als Halbband 2 in Vorbe-
reitung.

Beide Halbbände erscheinen als
Band 3 und 4 der proletarischen
Texte, einer Schriftenreihe,
herausgegeben von der proletarischen Plattform

Demnächst überall im Buchhandel erhältlich.

Inhalt des zweiten Halbbandes:

FSC
www.fsc.org
MIX
Papier aus ver-
antwortungsvollen
Quellen
Paper from
responsible sources
FSC® C105338